Pequ
cerc
capitalista

Pequeño cerdo capitalista

Finanzas personales para hippies,
yuppies y bohemios

Sofía Macías

De esta edición:
D.R. © Sofía Macías
D.R. © Santillana Ediciones Generales, S.A. de C.V., 2011
Av. Río Mixcoac 274, Col. Acacias
03240, México, D.F.

Primera edición: marzo de 2011
Decimoséptima reimpresión: octubre de 2013
ISBN: 978-607-11-0784-8

Diseño de interiores: Patricia Pérez Ramírez
Diseño de portada: Pico AdWorks S.A. de C.V.
http://picoadworks.com

Impreso en México

Agradecimientos

Gracias, de corazón. Nunca es fácil escribir esta parte, y más cuando tanta gente ha contribuido de diferentes maneras a realizar este libro.

Gracias a mis padres, mi hermano y mi maravillosa familia, pues siempre han sido mi motor y mi red de seguridad.

A mis amigos, a las niñas y todos los que se emocionaron conmigo, y aguantaron mis prisas y mi locura durante el proceso del libro.

A los que compartieron su tiempo y consejos conmigo y me dieron algunos cocos con la intención de mejorar los textos: Mael D. Vallejo, Adriana Rangel, Pablo Magaña, Alejandra Sánchez, Thierry Monfort, Alfonso Stransky, Roberto Morán, Adina Chelminsky, Iván Flores, José Manuel Herrera, Rafael García Treviño, Jesús Reyes, Eloy López y Alejandro Turner.

A los que han participado en el blog y lo han nutrido con sus opiniones.

A editorial Aguilar y su valiosísimo equipo.

A todos los entrevistados que con sus respuestas me enseñaron tanto y permitieron que parte de la información proporcionada aparezca en estas páginas.

Y a Ernesto Murguía, el periodista que un día se alocó y al escribir en la revista de un avión sobre el blog del "Pequeño cerdo capitalista", sin saberlo, hizo posible este libro. Gracias a la maravilla de las casualidades.

¿Por qué volverse un pequeño cerdo capitalista?

Yo fui oficialmente nombrada un "pequeño cerdito capitalista" por mi amiga Alejandra —digo oficialmente porque en secreto siempre quise serlo— tras una escandalosa confesión: a los 22 años ya osaba tener un fondo de ahorro que invertía en la Bolsa de Valores.

Imagínate lo que eso significa, sobre todo tomando en cuenta que mi oscuro secreto salió a la luz durante una parrillada en una azotea llena de personas entre las que había comunicólogos, periodistas —como yo—, estudiantes de artes plásticas y uno que otro colado de profesión desconocida, pero seguramente "bohemio", y no en un bar de Polanco rodeada de trajeados.

Mi amiga no se explicaba si me había picado una mosca tse-tse, si había sido abducida por los extraterrestres o qué me había orillado a ese descabellado comportamiento. Yo no había estudiado economía ni finanzas, vamos, ¡ni siquiera administración de empresas!

La verdad es más simple que cualquiera de las opciones anteriores: simplemente no me daba la gana que mi dinero perdiera 3% anual, durmiéndose en sus laureles en una cuenta de banco normalita —que es lo que pasa cuando el dinero no se invierte y se lo come la inflación—, mientras que otros

—esos sí "grandes cerdos capitalistas", siguiendo la frase de Ale— fueran los que ganaran con él.

En finanzas siempre hay un ganador: si alguien invierte mal su dinero, otro puede usarlo para hacer más dinero; si estás en una afore patito, al no averiguar cómo funciona, ellos te cobran por darte menores rendimientos que a tu vecino; en la tienda de los pagos chiquitos que cobra muchito, acabas pagando tres veces más el precio de la tele, porque no conoces el costo real del crédito y sólo te emocionas con lo poco que debes abonar semanalmente; si tú no le avisaste a tu familia que tenías un seguro de vida y éstos no lo cobran, tu dinero se puede quedar por años en las arcas de la aseguradora.

¿Por qué no ser tú el que gane, para variar el asunto? No necesitas volverte un cerdo capitalista... o bueno, sí, pero sólo un poco, uno pequeño.

Ser un pequeño cerdo capitalista no significa que si eres vegetariano y activista de Greenpeace tengas que dejar de serlo, cambiar de partido político y dejar de pensar sobre lo mal que está distribuida la riqueza en el mundo.

No, basta con querer ser tú el que le saque el mejor provecho a tu dinero y tener ganas de aprender cómo hacerlo. No importa si es mucho o poco —aunque claro, la idea es que se multiplique—, el punto es que lo aproveches al máximo, pues es tuyo. A nadie le hace daño tener unos ceros más en su cuenta, ¿o sí?

Manejar el dinero no es una de las materias que vemos en la secundaria o en la prepa —aunque deberíamos—, y a veces en las familias el tema es un tabú igual o incluso mayor que el sexo. Si tenemos suerte, puede que aprendamos gracias a consejos anecdóticos del tío de la prima que no vino a la fiesta. Si no, puede que sea dándonos de topes por ponerles taches a esas cosas que en realidad nos podrían ser útiles.

Toma el ejemplo de la Bolsa, ¿cuánta gente conoces que ha perdido dinero, sale por pies y jura que jamás de los jamases volverá a invertir? Puede que esta aversión a un instrumento que en plazos de veinte años en México ha dado rendimientos anuales de 29.25% en promedio (fuente: IXE y la BMV), no se hubiera dado si el ejecutivo de cuenta le hubiera explicado a esa gente que esa inversión es para plazos mínimos de tres años, donde se deposita sólo el dinero del que no tengas que disponer, pues la Bolsa se puede dar sus batacazos, pero a la larga se recupera. Si lo sacas en el peor momento, puedes venderle barato al que está dispuesto a esperar. De nuevo alguien está haciendo su agosto a tus costillas.

Con este tipo de formación creemos que al que le va bien con el dinero es por suerte, palancas o por que estudiaron carreras relacionadas y que por ello tienen idea de lo que hacen (te sorprenderías de las metidas de pata que hasta los egresados de las facultades de economía cometen con su dinero).

Primera noticia: no necesitas un premio Nobel de Economía para manejar tu dinero óptimamente. En finanzas personales raramente verás ecuaciones con simbolitos bizarros y miles de cifras. Deja las pesadillas de tus clases de cálculo en la adolescencia. En términos matemáticos, sólo necesitas saber hacer las operaciones básicas: sumar, restar, multiplicar y dividir. ¡Vaya, ni siquiera la raíz cuadrada hecha a mano con la que nos torturaban en quinto de primaria!

Lo más importante que desconocemos de las finanzas personales es su funcionamiento. Al final, aunque no lo parezcan, las finanzas son una disciplina inventada por los seres humanos que tiene una lógica accesible para todos. El caso es que no nos la explican muy seguido.

Sólo necesitas saber un poco más sobre lo que hace cada institución o lo que ofrece cada producto, cuáles son las reglas, procedimientos —cómo nos encanta en México complicarle la vida al usuario—, algunos tips para comparar y tiempo para dedicarle a tu dinero.

Yo aprendí y acabé apasionándome de las finanzas personales por circunstancias profesionales y azarosas: al ser periodista en el sector financiero varios años, conocí innumerables incautos que me sacaron de dudas; dudas que comparto con la mayoría de los mortales. Las respuestas en las entrevistas me dieron grandes lecciones de cómo manejar mi dinero.

Yo escuchaba escéptica muchas de las cosas que me decían, pero al empezar a aplicar algunas, como ahorrar en automático al principio de la quincena o incluso bajar mi pago de impuestos ahorrando para el retiro, pensé: "¡Estos no andan tan errados!" Y tampoco es tan difícil.

Eso es lo que encontrarás en las siguientes páginas: la explicación de cómo funcionan la mayoría de estas cosas que para nosotros están en swahili, que pueden convertir los cientos en miles, pero sobre todo darte algo invaluable: libertad financiera, la posibilidad de que puedas tomar las decisiones que quieras y seguir las metas que has soñado, sin que el dinero sea el grillete que te lo impida.

Sin más preámbulos, porque el tiempo también es dinero, pásenle directito al capítulo de Ahorro. ¡¡¡¡Oink$$$$!!!!

Capítulo 1

Ahorrar:
de veritas que
todos podemos

Sí se puede

La mayoría de los gurús de las finanzas personales te dirán que para tener mejores cuentas debes empezar por analizar tus ingresos y tus egresos, hacer un presupuesto, priorizar, ver dónde recortar… por supuesto que esto funciona, pero no vamos a empezar por ahí —lo haremos después, no te preocupes. ¡Cha chán! ¿Y eso por qué? Pues simplemente porque ordenar tu vida financiera cuando no has visto un solo resultado puede ser poco inspirador y un relajo.

En ocasiones, pequeños avances pueden ser la motivación para tener las ganas y la paciencia para sentarse a checar voucher por voucher, anotar nuestros gastos de todo un mes, quitarle aquí, ponerle allá, etcétera, para hacer el famoso presupuesto.

Quien no esté de acuerdo se va directito al Capítulo 3 y luego regresa. Quien sí, quédese leyendo.

Por qué sí se puede: cuando eras rico sin trabajar

Hagamos memoria, remontémonos a aquellos ayeres —que para algunos literalmente fue ayer y para otros casi siglos— en los que éramos unos pequeñuelos estudiantes sin trabajo ni sueldo... claro, a menos que cuentes como trabajo eso de ser hijo, donde algunos ganan desde medio salario mínimo mensual hasta sueldo de ejecutivo, dependiendo del jefe, bueno del papi.

¿Recuerdas que la mesada bastaba para el cine, el CD o el cambio anual de *gadget* reglamentario?, y estirándole un poco, hasta para los regalitos del susodicho o la susodicha. Yo no sé si es producto de una extraña obra de magia negra financiera, pero a la mayoría le alcanzaba más el dinero entonces, que después de entrar a su segundo trabajo.

Alguna vez en Twitter alguien me escribió: "¿Me creerás que llevo más de un año con sueldo y $0 ahorrados?", y no sólo le creí, de hecho, es de lo más común.

Una de mis adoradas amiguitas, víctima favorita para balconear gracias a sus inexistentes hábitos de planeación financiera, me confesó durante un concierto que pese a su flamante trabajo de abogada en un tribunal, no tenía ni un centavo, ya no digamos en un fondo de inversión o una cuenta de ahorro... ¡Vaya! Ni en la alcancía de cerámica del mercadito.

Mi shock provenía, justamente, de que todas mis amigas de la prepa y yo empezamos a trabajar en el mismo año (más o menos a la mitad de la carrera o casi acabando), entonces ella triplicaba, literalmente, nuestro sueldo de becarias porque ya era funcionaria respetable.

Bueno, entre compritas, comprotas, ganarse a pulso ser cliente consentida de su salón de belleza y viajecitos, se le ha ido el sueldo entero, desde el primer empleo, hasta la fecha. Lo más inexplicable es que sus ingresos representaban una gran diferencia contra sus ingresos de estudiante: su mesada era si acaso el 10% de su salario. ¿Te suena conocido? ¿A cuántas personas conoces así (incluyéndote)?

Varias causas generan este extraño fenómeno:

> ✓ Te emociona "ganar tu propio dinero" por primera vez y sientes que eres más libre de gastar.

✓ Piensas que ahorrarás cuando tengas dinero para hacerlo... lo que sea que esa mentirota signifique.

✓ Elevas tu *benchmark*: si antes gastabas $350 en un regalo de cumpleaños para la familia o el novio (a), ahora, aumentas el mínimo a $1 000. Lo mismo aplica con las salidas y la ropa.

✓ Esperas siempre los aumentos para gastar más y visualizas el ahorro como un sacrificio, en lugar de una inversión para ti mismo o para alcanzar metas mayores, ¿la cuenta de todos tus *gadgets* equivalen al enganche de un coche? ¡Gulp!

✓ Dejas de priorizar: como tienes más dinero, en lugar de ser más selectivo con lo que compras (como antes que pudieras), ¡te llevas todo y hasta andas cazando baratas para derrochar!

Muchos dirán: "No se puede"; "no tengo dinero para ahorrar"; "apenas me alcanza con lo que gano", etcétera, etcétera, pero, ¿qué habría pasado si nunca te hubieran aumentado el sueldo? Simplemente no gastarías más.

Esto explica por qué el nivel de ingresos tiene poco o nada que ver con ahorrar; siempre culpamos a nuestro sueldo, pero, ¿de verdad un aumento te permitirá hacerlo, o sólo es una excusa para posponerlo?

Aunque no lo creas, para revertir tu gastitis aguditis hay muchas soluciones: amarrarte las manitas y encontrar un instrumento de inversión automático que te descuente AL PRINCIPIO de la quincena; buscar una fuente de ingresos adicional y destinarla sólo al ahorro; dejar de ir a "pasear" a los centros comerciales los fines de semana; o dejar en tu cuenta tu aumento de sueldo ÍNTEGRO desde el primer segundo que lo recibas.

Barajearé más lento las opciones en las siguientes páginas del capítulo, pero el principio es muy sencillo: si quieres ahorrar, ¿por qué no te "olvidas" de que te aumentaron el sueldo?

Y no te preocupes por no encontrar la forma, por ideas no paramos, en este capítulo encontrarás muchas, muchísimas formas de lograrlo… claro, si quieres.

¿Y si soy soltero y sin compromisos?

Temo decirte que con más razón tienes que ahorrar. Claro, a menos de que quieras vivir en casa de tus papás hasta los cuarenta o piensas que ahorrar será casi una misión imposible cuando ya tengas hijos.

Como ya no nos urge (tanto) casarnos, cada vez nos quedamos más apapachadotes en la casa y nos "aferramos al nido" hasta con las uñas.

Creo que en la generación de mi papá, los que se quedaban con los progenitores hasta el matrimonio iban dejando el nido entre los 23 y los 27 años… bueno, otros más bien llegaban con la esposa o esposo, pero esa es otra historia.

Ahora existen muchos casos donde los polluelos salen del hogar pegándole a los 30, regresan después de haber vivido solos, de estudiar en el extranjero o nunca se van. Quedarse con los papás podría tener el pro de ahorrar en renta y, además, ¿quiénes son las más consentidoras en casa que las mamás mexicanas? Aunque también existe una desventajota: tienes un poder de gasto "artificial" que puede llegar al punto donde el libre ingreso genere una gastalonez tal, que aunque te quieras salir de casa de tus papás, no puedas.

¿Cómo, cómo? Muy fácil: si tuvieras que pagar de renta o hipoteca esos $4 000, $16 000 o $20 000 (dependiendo el sapo…) que te gastas en chunches, salidas o que desconoces en qué se te van, desaparecerían, y te las tendrías que arreglar para llegar al fin de mes sin ellos. *Ergo*… eso que no pagas de renta en realidad es como si lo debieras, ¿a quién?, pues a ti, es el ahorro para cuando decidas vivir fuera de casa.

Una de mis muy mejores amigas se quiere ir a vivir sola desde hace meses. Ahora que realmente le urge porque su mamá y ella se dan hasta con la cazuela, no sabe si podrá. Parte del problema es el dinero, pero no porque le falte, sino porque no tiene idea en qué se le va y no sabe cómo ahorrar. Al principio, el impedimento era que trabajaba en una agencia de publicidad, ganaba poco y no le alcanzaba. Ahora, está en otra empresa, es directora de arte, le duplicaron el sueldo y aún así apenas le alcanza la quincena. Ella es la prueba perfecta de que no es un problema de sueldo sino de organización.

Todos tendemos a aumentar nuestro nivel de gasto conforme aumenta el ingreso, pero si seguimos así, aun cuando ganemos como directores generales estaremos confinados a la casa de nuestros papás por gastalones.

Si en cambio, desde tu siguiente aumento de sueldo mandas el extra directito al ahorro, como nunca lo viste, no lo extrañarás y será sencillo ahorrar.

Con un nivel de gasto moderado —que incluya la renta que deberías estar pagando— y una cuenta de ahorros cada vez más gordita, lograrás irte a TU primer depa sin tener que hacer grandísimos sacrificios por estar despilfarrando en un estilo de vida que no es realista y al final no vale más que tener tu propio espacio.

Algunas veces los obstáculos son burradas: una de las cosas que encontró mi amiga es que estaba gastando un dineral en taxi por levantarse 10 minutos tarde. Vivía a 20 minutos caminando de su chamba, pero si se retrasaba tomaba un taxi que le cobraba $20, y si no pasaban un taxi libre, abordaba uno del sitio y pagaba $40. Por lo menos $400 mensuales se le iban en diez minutos de flojera.

Quizá $400 sean poco si vives en casa de tus papás y los inviertes en una comida de viernes y una ida al cine, pero es mucho si piensas que con esa cantidad pagarías internet en tu depa, con esto queda muy claro que es hora de poner el despertador más temprano.

Cuando vivimos con nuestros papás estas cosas parecen intrascendentes, pero saber en qué gastas y en cuáles únicamente tiras el dinero a la basura, es un ejercicio súper importante si deseas mudarte y, sobre todo, si no quieres que llegue el día en que el casero se te lance a la yugular.

Una vez un director de inversiones me dijo que cuando eres joven tus gastos son tan flexibles como tú lo decidas (salvo que tengas que mantener algunos hijos regados por el mundo), y es muy cierto. La bronca es que esto lo es para ambos extremos: puedes gastar muchísimo, ser equilibrado o ser frugal. Si de veras quieres "independizarte", la primera no es opción.

Si estoy más grandecito, ¿tengo solución o ya se me fue el tren?

La mayoría de la gente que ya no está en sus veintes, treintas, o a veces, ni en sus cuarentas, y que se topa con un libro de finanzas personales, piensa: "De haberlo sabido antes"; "es muy buena idea, pero demasiado tarde para empezar"; "no tengo remedio, no hay nada qué hacer" y... la verdad, la verdad, no hay nada que esté más lejos de ser cierto: sin importar tu edad, aprender a manejar el dinero y enderezar las finanzas personales, mejorará SIEMPRE tu calidad de vida.

En cualquier momento puedes aprender a planear, a ahorrar y a alcanzar metas que quizá no has logrado por descuidar esta área de tu vida. Y más que poder, lo necesitas.

En ocasiones estamos muy cómodos con el modo en que hacemos las cosas y nos escudamos en que si hemos sido de determinada manera toda la vida —desorganizados, viviendo endeudados y posponiendo el ahorro— es imposible cambiar, pero es falso.

Un excelente ejemplo es Isela, la autora del blog www.elpesonuestro.com. Ella se "rehabilitó" del mal manejo de sus finanzas a los 36 años, ahora está por cumplir 40. Entonces le quedaban catorce años de pago de hipoteca, lo que implicaba, según sus palabras, que "a los 50 apenas iba a estar saliendo de la mega deuda, y no tenía planeado mi futuro pero ni tantito. El día que me di cuenta que dos semanas de mi sueldo mensual las destinaba a pagar la tarjeta de crédito, me paniqué". En ese punto, tomó tres meses de terapia y entendió que no era la economía de México quien la estaba afectando, sino que ella misma "se había metido en el hoyo".

Isela imaginó lo deprimente que sería "ser una cuarentona endeudada e infeliz, no lograría detener el tiempo pero sí cambiar mis circunstancias", y lo hizo. Tan sólo tres años después, con base en disciplina y frenando las compras compulsivas y adicciones a las baratas, pagó los 82 000 Udis de su hipoteca y se libró completamente de deudas. Incluso, empezó a trazarse metas, que si bien no son sueños completamente materiales, requieren de dinero para realizarse, como terminar el Mildford Track, una caminata de 53.5 kilómetros a lo largo de la cual se pueden observar lugares espectaculares en Nueva Zelanda, en diciembre del 2010.

Admito que Isela es bastante joven aún, pero cargaba una buena cantidad de deudas. Sus problemas económicos no eran exactamente los de una veinteañera sin compromisos que abrió su cuenta en el banco. Si ella logró deshacerse de esas cargotas financieras, todos, a cualquier edad, podemos.

> **Dato de miedo**
> Sólo 40% de los mexicanos ahorran y en promedio empiezan a los 35 años.
>
> Fuente: SEP, 2009.

Si eres adulto, la diferencia con un chavito que apenas comienza a ahorrar es que debes manejar al mismo tiempo deudas, metas y retiro. No importa si no lo has hecho, lo que importa es que empieces hoy. Precisamente porque tienes menos tiempo que los que son más jóvenes, ocúpate del tema urgentemente.

Si este apartado no te suena porque aún no has llegado a la categoría de "mayorcito", dáselo a leer a tus papás, tíos, hermanos o suegros… puede que no te hagan caso en todo, pero al menos estarás demostrando que te importa su bienestar y que confías en que pueden hacer algo para retomar el control de su vida financiera.

Estrategias de ahorro para manirrotos

Después de tanto regaño, grito y sombrerazo, ahora sí hablemos de por dónde empezar. Te creo que tienes la mejor de las intenciones, que cada mes de verdad piensas: "Ahora sí voy a ahorrar", y que siempre se confabula el destino: si no se te atraviesa la oferta irrepetible de PS2 a 500 meses sin intereses, encuentras esa blusa verde cotorro para los zapatos color fucsia adquiridos la temporada pasada, no estrenados porque no combinaban con nada, o el cumpleaños de la amiga del primo que no vino a la fiesta, la cenita, el Acapulcazo… ¡Agrega a la lista el último complot contra tu alcancía!

Y este tema es un poco como el cigarro o las dietas: hay mil obstáculos y pretextos para no dejar de fumar o de comer de más, pero si realmente quieres ahorrar, ¡por supuesto que hay manera! Y no es tan tortuoso como piensas. Seguramente no será el proceso más rápido del mundo (bajar 30 kilos tampoco lo es), pero de que se puede, ¡se puede!

Antes de meternos en Honduras te propongo cuatro cositas básicas, básicas, basiquísimas para empezar hoy. Ya después nos hacemos bolas con maneras más estructuradas y formales para ahorrar, por lo pronto, es necesario poner fin a la posponedera:

1. No lo dejes al último. Una de las causas más comunes de fracaso en el intento por ahorrar es esperar a guardar el dinero hasta hacer todos nuestros gastos. "Ahorrar lo que sobre" es una mala estrategia por un pequeño detalle: nunca sobra. Si no son los pagos diarios, sucede una emergencia o, simplemente, "todavía tengo dinero", nos damos un gustito y adiós. Además, como no tenemos una idea real de cuánto tendremos disponible al final, es imposible planear.

Lo más efectivo es separar el monto que nos hemos propuesto ahorrar en el instante en que recibimos la quincena, el bono, el aguinaldo, el reparto de utilidades o el pago por una deuda. Si no lo tenemos, ¿cómo lo gastamos?

2. Haz el hábito. Así sean $50 al mes, empieza HOY. Es más, ahorita sácalos de tu cartera y ponlos aparte. Mejor aún si puedes ir directito a depositarlos en algún lugar donde no los puedas tocar, se los das a alguien para que te los guarde o los metes en la alcancía por el momento. Ah, y nada de: "Lo saco para el estacionamiento o para no ir al cajero y al rato lo repongo."

Como se trata de adquirir un hábito —es decir, de que se vuelva un comportamiento repetitivo hasta que ya te salga involuntariamente— y no de que con algo tan facilito te llenes la boca y digas que estás ahorrando, marca en un calendario o programa una alarmita en tu celular la fecha de cuándo ingresarás el próximo monto y repítelo con una periodicidad determinada, que no sea mayor a un mes (si no qué chistosito: ¡$50 al año!).

Si quieres ver resultados rápido, una vez que te hayas acostumbrado incrementa el monto poco a poco e inviértelo. Verás cómo sin que lo sientas el efecto se vuelve exponencial.

¿Y si ahorras una "ida al cine con palomitas" al mes?			
(¿Cuánto? $100 mensuales)			
¿Cuánto tiempo?	Sólo ahorrando (sin obtener intereses)	Reinvirtiendo cada año el mismo monto sin sus intereses (Interés simple 7% nominal anual)	Reinvirtiendo cada año el mismo monto con los intereses que generó (Interés compuesto 7% nominal anual)
1 año	$1 200.00	$1 284.00	$1 284.00
3 años	$3 600.00	$3 852.00	$3 857.88
5 años	$6 000.00	$6 420.00	$6 900.84
10 años	$12 000.00	$12 840.00	$16 579.20
15 años	$18 000.00	$19 260.00	$30 154.80
20 años	$24 000.00	$25 680.00	$49 194.00
30 años	$36 000.00	$38 520.00	$113 353.20
50 años	$60 000.00	$64 200.00	$487 836.00

¿Verdad que de poquito en poquito se va haciendo un buen montoncito?

3. Aplica el "quítenmelo, que me lo gasto". Si de plano solito y por iniciativa propia no puedes ahorrar ¡haz que te obliguen! ¿Cómo? Que te quiten el dinero antes de que te lo puedas gastar. Para esto tienes de tres sopas:

Sopa 1. Dile a tu jefe que te eche la mano. En todas las empresas existe un mecanismo llamado "descuento por nómina"; tiene dos modalidades: que te descuenten para la caja de ahorro de la empresa y te lo den a fin de año, o que lo manden directamente a tu afore como ahorro voluntario, y en ese caso lo puedes sacar cada dos o seis meses de tu cuenta individual, dependiendo de la política de tu afore.

Sopa 2. Ahorro a domicilio. Aunque suena a pizza, implica el acuerdo con tu banco de que, ya sea por medio de la banca electrónica o sucursal, cada fecha específica, digamos los días 2 y 16 de cada mes, retiren determinada canti-dad de tu cuenta de nómina, de tu tarjeta de débito —o la que manejes— y la manden a un fondo de inversión o cualquier otro instrumento en el que no lo tengas tan disponible y puedas ganar intereses. Este mecanismo se llama "domici-liación" y funciona igual que si pides que te carguen en auto-mático el servicio de cable o el gym. Algunas instituciones incluso tienen en su portal la opción de que abras pagarés o fondos con mover un dedito y apretar un botoncito, así que, más fácil, imposible (a menos que literalmente no quie-ras mover ni un dedo para ahorrar).

Sopa 3. Tajada automática. En este caso, autorizas al fon-do de inversión, pagaré o lo que hayas elegido a que cada mes (o quincena), sin consultarte, se realice un cargo automá-tico y retiren el monto que quieres ahorrar. Normalmente funciona con tarjetas de crédito o chequeras, así que hay que estar a las vivas con la fecha de corte para que luego no te salga peor el remedio que la enfermedad o te anden rebo-tando cheques.

De por sí ahorrar te es difícil, ¿para qué te complicas yendo cada mes a formarte a la cola del banco, cuando al-guien más puede hacerlo por ti?

4. Cuéntale a quien más confianza le tengas (y a quien más te pueda jalar las orejas). Tener un "cómplice" para nuestros propósitos y darle el permiso de que nos regañe cuando no los estamos cumpliendo puede ser muy efectivo. Te puedes hacer el loco con tu promesa de ahorrar $500 al mes y llevar dos sin hacerlo, pero si tu mejor amiga, tu mamá, tu novio(a) o tu hermano lo sabe y te pregunta, te dará más remordi-miento (o al menos eso espero).

Mantenlos al tanto de cómo vas y compárteles tus triun-fos. Eso sí, elige también a alguien que sea ahorrativo, porque si no, bonita receta: te va a andar recomendado en qué te gastes eso que tanto te costó guardar.

¡Huye del boicot!
Trampas para el ahorro

Si hay algo que tiene que ver con nuestra baja o completamente inexistente capacidad de ahorrar son nuestras ideas sobre el dinero. En ocasiones son claramente ilógicas, en otras no tanto, pero por si es Chana o Juana vamos a darle una repasada a las creencias erróneas que normalmente nos meten el pie y que necesitamos cambiar a toda costa.

¿Verdaderamente rico o sólo gastalón?

Una de las broncas con el dinero es que sus manifestaciones exteriores alias "traer carrazo del año", "cambiar de compu como de calcetines", "jugar golf todos los domingos en el Country Club" (como diría mi amiga Carolina) o el síndrome de "yo invito", no reflejan en realidad cuál es la situación de tus finanzas. El millonario que todos tenemos en la cabeza frecuentemente tiene poco que ver con quien realmente es rico y quien sólo es gastalón.

¿Cuál es la diferencia? Dos palabritas: libertad financiera, que es simplemente la capacidad de hacer con tu vida lo que quieras y tomar las decisiones que desees sin que dependa del dinero o te detengan las deudas.

En la era de las facilidades de pago, la verdad es que no es ciencia cuántica comprar mucho —de ahí a que lo que adquiramos sea realmente nuestro, es otra historia, podemos deber hasta la camisa—, aunque hay que evaluar si esas pequeñas, medianas o grandes compras están limitando nuestros planes a futuro.

Quizá cambiar cada dos años de equipo de sonido se esté comiendo la posibilidad de hacer una maestría, un viaje a Tailandia, o el fondo para retirarte a los 57 y no hasta los 75 años.

Conocer la diferencia y sobre todo trabajar para alcanzarla, puede hacer que en unos años seas más rico que tu jefe actual y archi-requete-recontra millonario, en comparación con tus amigos más faroles de hoy.

¿Qué se necesita?

Conocer bien cómo gastas, controlar tu compritis aguditis y poner a trabajar tu dinero. El ideal, en el que coinciden la mayoría de los gurús de las finanzas personales, es que inviertas tu dinero de manera tal que llegue el día en que no dependas de un empleo asalariado para pagar tus cuentas, sino simplemente del flujo de tus inversiones. Y siendo realistas, eso es lo que necesitaremos en algún momento, ¿o crees que puedas aguantar tu ritmo actual de trabajo a los 87 años?

Suena complicado, pero hay varias inversiones, incluso pequeños negocios, con los que puedes empezar a hacer crecer tu lana sin tener millones (ni cientos de miles); el chiste consiste en estar alerta y olvidar los prejuicios como: "Eso es para grandes hombres de negocios, gente que sabe de finanzas, economía y todas esas ciencias ocultas"; "no nací para hacer dinero, tengo muy poco para empezar"; lo importante no es el capital con que cuentas, sino cómo lo utilizas.

La meta es convertir lo que ahorres en activos; es decir, cosas que produzcan dinero sin necesidad de trabajar. ¿Cómo qué? Puede ser que compres un bien inmueble para rentar, que adquieras un fondo de inversión, o pongas algún negocio que no demande tu presencia como maquinitas expendedoras, un seguro dotal o comprar cosas que con el tiempo se revalúen para que en un mediano o largo plazo puedas venderlas a un precio mayor.

Respecto al último ejemplo, Roberto, un especialista en relaciones públicas para instituciones financieras, compraba plumas fuente de colección por internet a gente que le urgía venderlas, él las arreglaba y después las vendía al doble o triple a verdaderos conocedores.

Lo hacía porque era su *hobbie* —sabe t-o-d-o sobre plumas— y lo entretenía. No empezó porque pensara que era el negocio de su vida, pero se volvió una entrada interesante de dinero. Tengamos o no la vena de comerciantes, todos debemos ser inversionistas.

En esto el crédito puede ser un gran aliado, pero es importante detectar qué deudas son productivas y cuáles son sólo gasto.

No te endeudes para comprar una pantalla plana gigante que a crédito te costará 20 o 30% más, que no crece en valor, y que cambiarás en máximo tres años —y no inventes que la vas a revender por más, porque eso es imposible. Espérate y págala en cash.

En cambio, si hay un terreno que puedes comprar para hacer un estacionamiento que te genere dinero, ve corriendo al banco y con su dinero asegúrate una renta para ti, eso sí, checa que haya un margen suficiente entre lo que vas a ganar y los intereses que pagarás, si no, no es negocio.

Y por último, pero no menos importante: dedícale tiempo a tu dinero. Esto es, aprende sobre finanzas personales, aprende a conocer tus gastos, encontrar formas de ahorro, cazar oportunidades y monitorear cómo vas.

A todos nos encanta gastar y el chiste no es vivir para siempre en la austeridad, sino encontrar la manera de que nuestro dinero se vuelva tan listo y productivo que podamos gastar y depender menos de nuestro sueldo.

Tal vez demande que ahorres más hoy y "estudies" más que tus amigos sobre finanzas personales, pero es un precio realmente bajo si piensas cuánto es lo que pagas por comprar tu libertad, como decía un financiero que sabe mucho sobre la planeación a largo plazo, pero es muy modesto y pidió no ser mencionado.

¿Ahorro o gasto con descuento? No te engañes

Si hay algo que los gastalones aman de manera sobrehumana son las ofertas, por la simple razón de que mientras le dan rienda suelta a su ímpetu firmador, ¡hasta creen que están ahorrando! En el 99.99% de los casos, no es así.

Tengo un amigo periodista en sus treintas (más bien pegándole a sus cuarentas) que cada vez que sale con alguien a comer cerca de una tienda o centro comercial, acaba comprando algo.

Le pasa especialmente con Mael, quien es el amigo por el cual nos conocemos. Una vez se les "atravesaron" unas botas Dr. Martens —como las que usaba Gloria Trevi en los noventa— que tenían descuento, pero aún así le andaban pegando a los $1000... la moda, en fin. La siguiente ocasión fueron a una boutique alternativa de la colonia Condesa y como vio unos Nike extravagantes al 2 x 1 y medio, ¡se los tuvo que comprar!...

La última vez que lo vi — sólo unas semanas después de los otros encuentros— traía en la mano una bolsa con unas bocinitas que costaron $189, y mientras esperábamos que nos sirvieran el café encontró un disco "buenisísimo", era un tributo a Led Zeppelin, que compró porque "costaba menos de $100".

Total que este hombre se pregunta por qué nunca tiene dinero. Pero, ¿cómo va a tener un peso si nomás ve la palabra descuento o el anuncio de "sólo $99.^{99}" en un objeto y decide que es un gran ahorro y lo compra? Es así de sencillo: si no habías pensado comprarlo antes de verlo, al adquirirlo no estás ahorrando, si acaso estás gastando con descuento.

Éste es el mismito principio de las ventas nocturnas, las baratas y "aprovechar los meses sin intereses" a la menor provocación: los ahorros sólo son ahorros cuando tenías una compra planeada y esperas a que la rebajen para hacerla, no cuando algo se te aparece con una de esas infames etiquetas de "-10%" o "3 X 2" y no puedes dejar pasar la oportunidad... de gastar de más.

Si las baratas realmente funcionaran y fueran un ahorro, la gente que es adicta a ellas tendría una cuenta bancaria de seis ceros. Normalmente no es así, es más, a veces no existe tal cosa en su vocabulario.

Si quieres gastar hazlo sin maquillarlo como un ahorro, porque al final es un autoengaño y luego no nos explicamos adónde fue a parar el dinero. O dejamos de gastar o nos declaramos ser gastalones confesos y no de clóset disfrazados de ahorrativos.

Asociaciones "libres"

¿Si vas al cine siempre tienes que comprar palomitas, así vengas de comer? ¿Después del antro los tacos son obligados? ¿Si te vas de vacaciones vas a comprar nuevo traje de baño (aunque ya tengas ocho)? ¿Es de ley el paso por el *duty free*?

¿Cuántos de estos hábitos mantenemos porque en la cabeza tenemos el letrero de "junto-con-pegado" y no porque lo deseemos? Seguramente, si reflexionas sobre las cosas en las que gastas "en automático", porque vienen en el paquete, encontrarías una buena cantidad de ahorros.

"Porque me *lo* merezco" y otras formas de pseudo terapia financiera

¡Ah, qué mal hábito ese de traer cargando la palma del martirio todos los días y luego desquitarnos con la cartera! Sí: "Me voy a comprar ese equipo de sonido de $20 000 porque he trabajado tanto este año que me lo merezco", "me voy a echar una juergotototota en la cantina y voy a invitar a todos, porque toda la semana estuve saliendo de la oficina a las 10 de la noche por culpa de mi jefe negrero", "me voy de compras porque troné con el novio y necesito algo que me haga sentir mejor"… Total que para gastar cualquier pretexto relacionado con compensar algo que anda mal en la vida es bueno.

Tengo una amiga que sin exagerar la primera vez que la vi pensé que era la chava más guapa que había visto con mis propios ojos, en vivo y a todo color. Una portuguesa preciosa con ojos miel, con un bronceado impresionante, pestañas kilométricas, delgada como un espagueti y con unas señoras piernas (andaba de mini falda la maldita a la mitad de la escuela de comercio). Sus gracias no se acaban ahí: habla español como argentina, italiano como nacida en Milán y francés para qué les cuento, por si fuera poco también muy bien el inglés porque aprendió en San Francisco. Hizo una maestría en marketing donde era de las mejores de su clase. Traía babeando al 60% de la escuela (el resto eran mujeres heterosexuales) y es simpatiquísima.

Bueno con todo y eso tiene el tino de deprimirse seguido (yo sé, la matamos), pero el punto no es convertir el capítulo en un episodio de casos de la vida real. El caso es que cada vez que va a una ciudad nueva a vivir, que es frecuentemente por su situación familiar-laboral, lo primero que averigua en Google es dónde están las tiendas "por si se deprime"… y no sé si la frecuencia de sus depresiones ha bajado, pero puede que haya aumentado su nivel de gasto.

En una cena, justo antes de irse a Inglaterra a vivir, contaba que el *shopping* en Londres no era más caro que en Francia porque ya había buscado las tiendas de Notting Hill, investigado los precios en internet, y como la libra es sólo unos centavos más cara que el euro, resultaban casi lo mismo... Esta investigación financiera era también por si se deprimía cuando se fuera a vivir para allá.

Claramente suena muy atractivo el rollo de "terapia de compras", al estilo *Sex and the City* o muy *Clueless* (para las que estábamos en la pubertad en los noventa), pero, ¿sirve de algo o es sólo la forma de evadir algo que tienes que resolver y no precisamente con la cartera? Firmar con el corazón roto lo único que cambia es el balance en tu estado de cuenta, pero no en tu vida.

Piensa en todas las personas que conoces que hacen eso, ¿de verdad les sirve más de cinco minutos? ¿No sería mejor hablar con amigos, salir a caminar hasta que se despeje la mente o de plano tumbarse en un diván con un psicólogo? Quizá puede tener un mejor costo-beneficio.

Y para acabarla, ¿qué pasa con la gente que así se cura las depresiones y encima se las financia con la tarjeta de crédito? Comprar unos zapatos de $700 y pagar sólo el mínimo, puede hacer que te cuesten lo que pagarías por unos Manolo Blanhik —sí, pagarás 12 veces su precio y tardarás en liquidarlos meses y meses. ¿Y si te pasas? Al rato vas a tener dos problemas: la depresión y las deudas.

Literalmente mi estimado o estimada: para de sufrir. No está mal darse de vez en cuando unas pequeñas recompensas o apapacharse con algún gustito, pero no por ese tipo de razones.

Si gastar es tu afición y alguno de tus grandes sacrificios o martirios te pesa tanto que te estás desquitando con la cartera, ¡busca cómo librarte de él!: cambia de trabajo, habla con tu jefe, corta al novio nefasto, o acude a una terapia real, será más barato. Hay que buscar formas más perdurables y menos costosas de ser feliz que una tarde en el centro comercial.

Cazando pesos y centavos

Ahora sí, sin excusas ni pretextos echémonos un clavado a donde podría estar ese dinerito con el que comenzarás a ahorrar en serio.

Ahorros diarios: analízate

Los cientos o miles de pesos que deberían estar engordando nuestra cuenta de ahorro están en los hábitos diarios. Como ya leíste arriba, levantarte tarde y tener que tomar taxi cuando puedes caminar al trabajo tiene su costo, lo mismo ser flojonazo para cocinar y comer fuera siempre, o peor, cumplir con el estereotipo del soltero ochentero y su costumbre de ir a cenar siempre pizza —que además de acabar con tu cartera, seguro termina con tu abdomen de lavadero, si es que alguna vez lo tuviste. ¿Se te ocurre algún otro ejemplo de gasto que eliminarías si cambiaras tus rutinas? Casi seguro. Analiza todo lo que haces en el día desde que te levantas hasta que te acuestas, ¡encuentra ese dinero extra!

"¡Cuelga por favor!"

Aunque el celular podría ir en la categoría de ahorros diarios, le doy una mención especial por separado porque ¡ah cómo gastamos en eso! Y no precisamente por ser altos ejecutivos que necesiten seguir cada segundo el desarrollo de la empresa, ¿o resulta que tus amigos, el galán o galana, o tu mamá, son los directores de finanzas de tu compañía?

Y por supuesto que no sólo eres tú. Haz el experimento, camina unos minutos en la calle u observa desde tu coche y seguro notarás que tres de cada cinco personas (bueno, bueno, a ojo de buen cubero, no es estadística del INEGI) están mandando mensajes o llamando a alguien. Lo mismo pasa en el metro y el colmo: ¡hasta en el coche!

Los que no tienen remedio, y yo lo he presenciado alguna vez, son los que van a cenar y ambos están al teléfono, pese a que tienen a alguien enfrente para platicar. En ese caso cambien de amigos o pareja por unos menos aburridos.

¿Usas el celular para comunicarte o porque estás aburrido? La verdad, como forma de entretenimiento es francamente caro, compra un libro o ve al cine... pero no es lo único para lo que mal empleamos la telefonía móvil, ¿cuántas veces por flojera, pudiendo llamar de teléfono fijo a fijo, buscamos a las personas en su celular o hacemos llamadas a teléfonos fijos desde el celular por la holgazanería de no pararnos de la cama? El problema no es el gasto en sí, sino que podríamos usar ese dinero en otras cosas y dejar de quejarnos —iPhone en mano— de que nunca tenemos dinero. Mi abuelito Luis decía: el teléfono es para acortar distancias, no para alargar conversaciones, así que ahora ¡Austeridad celulariana!

Hazte útil

¿En cuántas tareas, que bien podrías hacer tú, estás gastando un dineral por flojera? El ejemplo por excelencia es la comida: ¿Desayunas en el trabajo? ¿Comes siempre fuera? ¿Cuando tienes reuniones son siempre en restaurantes? porque ¡qué pereza cocinar!

Está bien que seas todo un gourmet, te encante salir a restaurantes y esa sea la categoría en la que DECIDES gastar porque es prioritaria para ti. Sólo un detalle: un sándwich de jamón en la mañana no es precisamente alta cocina, así que echa cuentas de cuánto podrías estar ahorrando si tomaras 10 minutos para prepararlo. No te preocupes, nadie pretende convertirte en Cenicienta. Evidentemente hay que seleccionar qué tareas puedes hacer por ti mismo y cuáles de plano no, porque consideras que es tiempo valioso para destinar a otra actividad productiva.

Ojo en la casa

No sé por qué a quienes recién nos cambiamos a vivir solos, se nos complica tanto calcular la comida. Siempre hay mucho de algo, falta un ingrediente para el platillo que pensabas hacer y ¡cómo se echan a perder las cosas! El resultado es un beneficio literalmente tirado a la basura.

Aunque no seas precisamente Susanita o Susanito, hay que aprender a planear menús semanales o para más de un día, mejorar el ojo para calcular las cantidades y leer las etiquetas de caducidad.

En casa desperdiciamos en abundancia:

> ✓ La luz extra por los focos prendidos, o no utilizar focos ahorradores en zonas de uso intensivo, o por olvidar desconectar los aparatos que no usamos

✓ Las fugas de agua o gas.

✓ El pago de internet, que podríamos compartir con un vecino —y a menos de que bajes diariamente el programa más pesado del mundo, no modificará tu existencia.

No importa si el cambio te parece menor o mayor, en suma, anualmente, es un dineral.

Búscate un *hobbie*

Dar la vuelta en el centro comercial con la familia, porque no se te ocurre nada qué hacer los domingos, o salir de compras por aburrimiento es un hábito que además de carito, llena la casa de chácharas. Practica un deporte, aprende a pintar, un nuevo idioma, medita, toma clases de fotografía, inscríbete a un club de paracaidismo, lo que quieras, pero entretente en algo que valga la pena.

Haz un inventario

¿Cuántas cajas de aspirinas, pegamento en barra y demás chucherías tienes dobles porque no te acordabas dondé estaban guardadas? Sucede frecuentemente con los medicamentos, aunque puede pasar hasta con hieleras, *sleeping bags* y he oído casos de asadores duplicados. Para evitar dobleteos, dale una revisada a tu casa y realiza un inventario del tipo de cosas que siempre compras repetidas; si no, por lo menos revisa antes de comprar.

Aprende a comprar

Dejar las compras para el último segundo, quedarnos con lo primero que vemos sin comparar o usar frases como "lo necesito" cada vez que estamos frente a un aparador, nos hacen gastar de más.

Mi abuelita siempre se acuerda de su amiga Cuca, porque además de ser simpática y jacarandosa como ella sola, fue quien "la enseñó a comprar" cuando estaba recién casada y todo el mundo le veía la cara de turista.

Puede sonar bobo, ¡pero no todo el mundo sabe comprar! ¿De verdad? Saber comprar implica comparar precios, calidades, condiciones y obtener el mejor producto o servicio disponible con nuestro presupuesto.

Implica también planificar: comprar el 24 de diciembre a las 8 de la noche los regalos de Navidad o correr a la mesa de regalos una hora antes de la boda o del cumpleaños, normalmente hace que acabemos comprando algo más caro. Finalmente, no se puede llegar con las manos vacías, ya no tenemos tiempo de buscar opciones o se acabó lo que teníamos presupuestado.

Dedicarle tiempo a investigar antes de hacer cualquier compra importante —es decir costosa o para algo de largo plazo— es básico para sacarle provecho y para no darnos de topes después.

Tengo dos amigas que se hubieran ahorrado una buena lana si la vanidad y la emoción no las hubiera hecho lanzarse al ruedo y gastarse $10 000 y $12 000, respectivamente, en lugar de $3 000 u $8 000, así nomás. ¿En qué? En extensiones para el cabello.

Más allá de si gastarías o no dinero en cabello (seguro lo pensaste), lo grave es que una de ellas se enteró un mes después de que, si hubiera preguntado en el salón de al lado, las mismitas extensiones le hubieran costado $8 000 y sin regatear.

A la otra le pasó algo parecido: se puso extensiones en un salón que cobraba las perlas de la virgen ($10 000), sin averiguar nada. A la semana siguiente una chava de su escuela le explicó que la onda era comprarlas y pedirle al estilista que se las pusiera, así el numerito le habría salido en $3 000.

Obviamente como ninguna de las dos jamás se había puesto extensiones y no tenían ni la más remota idea de cuánto costaban, les vieron la cara bien y bonito.

De $3 000 a $12 000 hay mucha diferencia, pero esto no sucede sólo con las extensiones. Hace dos Navidades andaba cazando unos lentes de sol para hacer un regalo; de una óptica a otra y en el mismito centro comercial había una diferencia de hasta $300 para el mismo modelo. ¿Por qué pagar más por lo mismo, si tomarnos un día o dos para comparar o pedir referencias nos puede ahorrar una buena lana?

Es una pérdida de tiempo recorrer veinte tiendas en toda la ciudad por comparar algo que cuesta $20 —se gastarían el "ahorro" en gasolina y estacionamientos, taxis o transporte público—, pero en la era de la tecnología se puede hacer más rápido y fácil: usa internet para comparar precios.

Si son alimentos, medicinas, electrodomésticos, créditos, envíos de dinero o productos que se compran en cierta temporada como útiles escolares o juguetes para Navidad, puedes utilizar la útil sección "Quién es quién en los precios" de la Procuraduría Federal del Consumidor (Profeco). Consulta su página electrónica: www.profeco.gob.mx.

Es una base de datos con los precios máximos y mínimos de todos los artículos descritos antes, para 26 ciudades de la República Mexicana y como su nombre lo dice, muestra dónde encontrar las cosas más baratas o más caras.

Una derivación de "Quién es quién en los precios", son las "Canastas inteligentes", donde puedes ingresar tu lista del súper y ver en qué comercio cercano a tu casa u oficina la cuenta será globalmente más barata. Puedes guardar la lista y consultar los datos cada vez que te toque hacer la despensa.

En el caso de productos y servicios financieros, como créditos hipotecarios, tarjetas de crédito o seguros básicos estandarizados, Condusef tiene diversos comparativos y simuladores que puedes consultar en: www.condusef.gob.mx.

Internet también puede ser una buena guía si se trata de cosas más sofisticadas, compras de bienes duraderos, cosas muy especializadas o que nunca hayas hecho. Existen diversos buscadores de precios, puedes averiguar en tiendas *online*, portales de subastas o simplemente motores de búsqueda. En algunas ocasiones encontrarás que te sale más barato comprarlo por internet, o al menos tienes un parámetro de cuánto deberías pagar.

¿Lo necesitas o lo quieres? Reformula

Una vez fui de compras con una eslovaca, que era mi compañera de maestría, y me dio una útil lección. Yo andaba buscando unas botas y como caballito, no volteaba a ver nada más. Ella venía de música y acompañamiento, pero igual se compraba algo.

Total que a la mitad de la tarde se encontró un vestido precioso y antes de ver la etiqueta dijo: "Lo necesito" y rápido corrigió "No. Lo quiero. No lo necesito, sólo lo quiero", dijo como para ella misma.

Y tenía razón, cuando dices que lo necesitas, implica que tienes que comprarlo, pero si antes de verlo podías vivir sin él, entonces es que lo quieres, no que lo necesitas. ¿Cuántas veces nos hacemos lavado de cerebro y acabamos comprando algo por no identificar la diferencia?

El precio correspondía a lo bonito del vestido —fuera de presupuesto—, así que sin más consideraciones y con toda tranquilidad, lo devolvió al exhibidor y siguió curioseando.

Otra cosa que hacía mi compañera, que puede ser muy útil para quienes compran por impulso, era darse una vuelta antes de decidir. Normalmente va un día, ve las cosas, compara en otras tiendas y regresa por lo que realmente quiere la tarde siguiente.

Aparte de evitarte el "si lo hubiera visto antes" o darte de topes porque está más barato en otro lugar, compras más racionalmente, de acuerdo con tus necesidades y no por "amor a primera vista" algo que puede terminar arrumbado en un clóset y sin estrenar.

Nos han mentido: no se acaba en un día lo que nos gusta. Incluso en las baratas puedes ir un día antes, te pruebas todo y eliges; el día de las rebajas pasas temprano, tomas la mercancía y pagas. Y si no, de todos modos existen otras blusas, pantalones, equipos de sonido, etcétera que nos parecerán "los de nuestros sueños", que si no compraste uno, te enamorarás de otro mañana.

Formas de ahorro que casi nunca pelamos

Para ahorrar sólo hay de dos sopas:
   Sopa 1. O le bajamos a los gastos.
   Sopa 2. O generamos ingresos extra.

No estoy descubriendo el hilo negro, pero sí quiero que con estos principios chequen dos cosas que casi nunca pelamos, que pueden ser una gran fuente de ahorro o recursos adicionales:

1. Nuestra deuda de tarjetas de crédito. ¿Cuánto pagas de intereses por abonar sólo el mínimo o haber financiado una compra por meses y meses? Puede que varios cientos de pesos al año. Haz las cuentas y piensa en cómo meterle más dinero al pago de tu tarjeta de crédito. Lo que le bajes a tu pago mensual de intereses pásalo a tu cuenta de ahorro.

2. Los rendimientos de nuestras inversiones. ¿Estás en el fondo de ahorro correcto? ¿En otro lugar te darían mejores rendimientos por tu lana? Si es así cámbiate de volada, porque generarás ingresos adicionales. Mínimo revísalo, porque luego estamos muy entusiasmados al abrir una inversión, pero al rato se nos olvida y puede que las tasas maravillosísimas del principio con la crisis se hayan vuelto minúsculas o existan oportunidades que desconocemos.

Ahorro e inversión contra crédito ¿Cómo andamos? (números de cuentas por cada 1 000 adultos)		
Cuentas de ahorro	Depósitos a plazo	Tarjeta de Crédito
353	44	307

Fuente: CNBV, "Segundo Reporte de Inclusión Financiera" Junio 2010.

Y si ya no hay de dónde: a generar ingresos extra

Hay casos en los que ya no hay de dónde recortar o por más que estires tu dinero no alcanza para lo que necesitas o quieres. Ni modo: es hora de generar más. En realidad, es menos complicado de lo que nos imaginamos. Sí, negociar un aumento de sueldo puede ser una opción, pero no la única. ¿Entonces a qué me refiero? A que utilicen sus talentos fuera de la oficina y empiecen a ganar dinero extra.

En muchos casos lo más sencillo es *freelancear*, es decir, trabajar por nuestra parte: si eres contador de una empresa, puedes hacer declaraciones anuales para personas físicas; si eres diseñador o trabajas en publicidad puedes conseguir clientes por tu cuenta y trabajar por proyecto; si eres maestro o maestra dar clases particulares; si trabajas en *marketing* volverte consultor externo.

Aunque unos trabajos lo permiten más que otros, principalmente por el problema de los horarios, siempre hay maneras de conseguirlo y si realmente quieres generar más ingresos trabajar unas horas extra a la semana o un día del fin de semana es una opción viable.

Hay quienes de plano le dan un giro de 180 grados a las tareas que realizan para generar dinero, incluso, así canalizan sus pasiones. Mi prima es fotógrafa y su prometido y próximo "mariado" trabaja en créditos automotrices. Les encanta organizar karaokes y empezaron a comprar toda la parafernalia para usarlo con sus amigos: desde pantallas hasta luces y una bola disco. Total que sus conocidos les empezaron a pedir que se los rentaran y ahora es su negocio de fin de semana. Y lo más importante: de ahí piensan financiar su boda, que tenían dos o tres años posponiendo precisamente por no alcanzar el presupuesto.

Y como ellos puedo pensar en miles: Yorch y Lluvia, una pareja de diseñadores gráficos que decoran departamentos de forma increíble; todos mis amigos periodistas y publicistas que *freelancean* aparte de su trabajo diario; los financieros que trabajan en una empresa, pero son consejeros en otras. El chiste es sólo encontrar ese talento que puede servirle a otros.

Antes, las compañías encargaban todos sus trabajos a una sola empresa, pero cada vez es más común contar con diversos proveedores —con lo que además reducen riesgos y costos— o simplemente asignar proyectos más pequeños a algunos consultores o *freelancers*.

Infórmate sobre el precio en el mercado de los servicios que quieres ofrecer, qué requisitos tienes que cubrir y muy importante: con qué régimen te vas a dar de alta en Hacienda para tu nueva actividad.

Un pilón inesperado: puedes ahorrar declarando impuestos

¿Qué, qué? Así como lo oyes. La mayoría de nosotros pagamos más de los impuestos que debiéramos pagar porque no tenemos ni idea de las deducciones que podemos hacer y le tenemos pánico escénico a las declaraciones: ¡Primero muerto que hacerlo de forma voluntaria, más si no estás obligado! ¿Y si te pudieras ahorrar un dineral en el pago de tu crédito hipotecario, por ejemplo?

En México, la tasa real de los créditos hipotecarios es deducible de impuestos, siempre y cuando el crédito no rebase el 1.5 millones de Udis (6.6 millones de pesos en 2010, más o menos). Esto de "tasa real" significa la parte de la tasa de interés que cobra el banco que es superior a la inflación. Sería algo así:

%	La tasa de tu crédito hipotecario
15	
14	Tasa nominal
12	$\dfrac{\begin{array}{r}14\\-4\end{array}}{10}$ — Lo que puedes deducir de impuestos
10	
8	
6	
4	
2	La inflación
0	

En este ejemplo, ahorrarías casi dos terceras partes de lo que pagas de intereses.

Las "deducciones personales" que puedes hacer si presentas declaración de impuestos, están en el artículo 176 de la Ley del Impuesto sobre la Renta y algunas de estas son:

✓ Pagos por honorarios médicos y dentales, para ti, tu cónyuge y tus dependientes económicos.

✓ El equivalente a un salario mínimo del costo total de los gastos funerarios de tus dependientes económicos.

✓ Algunos donativos no onerosos.

✓ Aportaciones complementarias de retiro, en instrumentos autorizados y exclusivos para este fin.

✓ Las primas de los seguros de gastos médicos.

✓ El transporte escolar obligatorio.

Obviamente, tienes que contar cuánto te podrías ahorrar si hicieras estas deducciones y cuánto costaría pagarle a un contador para que lleve tus impuestos. Si es un monto interesante lo que puedes reducir en pagos a Hacienda, o incluso las devoluciones que podrías recibir en abril, ¿por qué no tomarlo en cuenta?

Capítulo 2

Metas constantes y sonantes...

Por qué no sirve de mucho ahorrar sin objetivos

Y tú dirás: sí, ya me advirtió desde el capítulo anterior que haré un presupuesto, ¿por qué me la hace de emoción? Bueno, porque la verdadera razón de por qué es necesario ahorrar, sentarse a hacer números y ver en dónde recortar, es justamente saber cómo lograremos financiar nuestros sueños… por muy cursi que se escuche, es la verdad.

Claro que es sano ahorrar porque la vida está llena de eventualidades: puedes perder tu trabajo o simplemente descubrir que tu pasión en la vida no está en tu oficina, ganarte una beca parcial para irte a estudiar al extranjero, puedes chocar y necesitar pagar el deducible, querer ir tras el amor de tu vida a otra ciudad, o recibir a un bebé hermoso en tu familia… Las cosas cambian a la velocidad de la luz.

También es importante porque el ahorro permite tomar oportunidades como comprar esa casa que realmente querías a mejor precio porque al dueño le urge venderla, invertir en un instrumento que está en mínimos históricos o entrar a un negocio como el que siempre quisiste emprender.

Estas dos razones ya deberían ser suficientes para saber que el ahorro no es algo que tengas que hacer porque todo mundo dice que es sano y listo; sin embargo, aún falta el motivo más IMPORTANTE: lo que te gastas de más hoy en cosas

que no te importan tanto, le roban dinero a aquellas que realmente quieres para tu futuro.

A veces es simple descuido o flojera: ¿por qué mantienes varias cuentas bancarias que te cobran comisiones cuando algunos bancos te ofrecen "cero" cobros si tienes todos tus productos con uno de ellos? Porque te da pereza comparar y cerrar las que ya no vas a usar, y al fin "sólo" son $30 al mes. Pero si piensas que al año suman $360, y si son más de tres tarjetas, $1 000, ya pesan ¿no?

Y en realidad esos $1 000 que te podrías ahorrar potencialmente tampoco serían un problema si no fuera porque igual y en cinco años representarían las vacaciones a la playa que te querías tomar.

Piensa en todos los pequeños detalles que le están robando dinero a la casa de tus sueños, a la maestría que quieres hacer, a la universidad de tus hijos, al viaje exótico que deseas regalarle a tus papás (esa es una de mis metas), a la empresa que siempre quisiste abrir, incluso a tu retiro a más temprana edad.

Ya siendo sinceros, ¿por qué ahorrar si no tienes un fin? ¿Por qué ajustarse el cinturón hoy si no esperas un beneficio mañana? Eso de ser mártir gratuito no es vida.

Otro punto importante es que igual como sucede con cualquier cambio de hábito (dieta, dejar de fumar, hacer ejercicio), llegará un punto en que nos cueste más mantenernos en esa postura, pero si podemos visualizar la meta será más sencillo lograrlo.

Y ahora una pregunta interesante: ¿Qué es lo que realmente quieres en la vida?

Atrévete a soñar... con números

En el capítulo del ahorro te agarré a gritos y sombrerazos: "Debes dejar de ser un manirroto", "tienes que aprender a conocer tu capacidad real de gasto y ahorro", "pon atención a las fugas de dinero bobas si no quieres quedarte con tus papás hasta los 40", "hasta hoy no se ha inventado la forma de gastar más de lo que ganas sin meterte en broncas"... ¿Recuerdas?

Ahora quiero decirte que una cosa es que esa sea una regla básica de equilibrio y otra muy pero muy diferente es que tengas que quedarte por siempre en la frugalidad, tampoco, tampoco.

La sabiduría de los abuelos y (sobre todo) de las abuelas en cuanto a la importancia de vivir dentro de nuestras posibilidades para tener estabilidad y tranquilidad, es un principio que no pasa de moda en finanzas personales. Pero lo que casi nunca nos dicen es la segunda parte, justo la más valiosa: no hay que ajustar nuestros sueños a nuestras posibilidades sino al revés. Debemos encontrar maneras financieramente viables para lograrlos.

Hay que ser realistas en cuanto a nuestros niveles de gastos contra ingresos. Vivir como Paris Hilton con dos salarios mínimos simplemente no es sostenible. Por más que te la vivas a "tarjetazos", llegará un punto en el que no puedas pagar ni los mínimos.

Pero esto no implica que tengamos que conformarnos con lo que tenemos hoy hasta el fin de la eternidad, sino ver honestamente nuestro poder adquisitivo actual, la diferencia con lo que quisiéramos tener, y la manera de acortar esa brecha.

Vivir dentro de nuestras posibilidades es importante dentro de la parte contable de la norma, es decir: que realmente chequen los pesos que ganamos hasta con el último centavo que gastamos, pero definir o aumentar esas posibilidades depende enteramente de nosotros.

¿Qué estás dispuesto a hacer por tus sueños? ¿Gastar menos? ¿Trabajar más horas? ¿Empezar a ser *freelance* para generar un ingreso extra? ¿Vender alguna propiedad o un bien que tengas? El significado de vivir dentro de nuestras posibilidades implica orden y planeación (quizá un poco de esfuerzo), no conformismo. Todo se puede, tal vez no al mismo tiempo, y es por eso que hacemos presupuestos, ahorramos, priorizamos gastos, etcétera, pero si te ocupas de tus finanzas no tienes por qué dejar a un lado tus verdaderos sueños porque no te alcanza.

¿Qué meta te parece suficientemente cara como para dejarla en la categoría de "sueño guajiro" y descartarla? ¿Darle la vuelta al mundo por un año? Pues no lo es. En mayo de 2010 tuve la suerte de conocer a una pareja de colombianos —Ana María Hincapié y Fuad Muvdi—, estaban por cumplir 12 meses viajando y les quedaban todavía dos más.

Empezaron en Hawai, volaron a China, luego fueron a Japón, a Tailandia y Singapur; les dio la loquera y se fueron a Australia, volvieron hacia India e Israel y yo me los topé en Santorini. Tienen un blog con toda su travesía que tú puedes consultar en: http://nuestrosabatico20092010.blogs-pot.com.

Ambos estaban en sus treintas —él más que ella— y yo hubiera jurado que para hacer algo así tendrían que ser millonarios, pero no. Ambos tenían buenos trabajos, él en la mesa de dinero de Citibank en Colombia y ella en ventas de Procter and Gamble, pero tampoco eran los herederos en vida del hombre más rico de su país.

Cuando le pregunté a Fuad cómo le habían hecho, él simplemente me dijo que echaron números y vieron que con sus ahorros podían viajar si se organizaban: "En todos los países del mundo hay un hotel barato, dónde comer barato y un bus."

Con algo de planeación y con sus ahorros consiguieron una de las metas que mucha gente descarta porque cree que está fuera de su alcance.

Muchos podrán decir: bueno, pero mal no les iba en sus trabajos, y es cierto, pero en Nueva Zelanda ellos conocieron a una pareja que logró lo mismo siendo ambos maestros de idiomas, que hasta donde sé no es el trabajo mejor pagado en ningún país.

Esta pareja tenía tres hijos y cuando el más chico cumplió un año, se les ocurrió ir a darle la vuelta a su país en un camper. Cuando regresaron, la habían pasado tan bien que decidieron repetirlo pero en el mundo. Entonces pensaron: "¿Cuánto tiempo necesitamos? Un año, en el que no tendríamos ingresos. Bueno, pues si queremos hacer el viaje podemos ahorrar una séptima parte de nuestros ingresos y en siete años, ¿qué tenemos? Un año de sueldo." "Matemática básica", como diría Fuad.

Desde un punto de vista financiero habrá que poner el detalle de que en esos siete años habría sido necesario tener el dinero invertido en algo para que no perdiera el valor, pero tanto no sabemos sobre el caso. El punto es que al año siete se llevaron a sus tres niños a realizar la vuelta al mundo en 365 días.

Si ellos lograron financiar ese gran sueño, sin ganarse la lotería y sin estar en el negocio más redituable del mundo, es sólo una prueba de que todo se puede, siempre que le demos el tiempo, la planeación y la constancia que requiere. Así que soñando y presupuestando.

Dices que sí pero no dices cuándo... ni cuánto

La mayoría soñamos de manera volátil: pensamos en lo que nos gustaría hacer pero no exactamente cuándo y menos cuánto costaría. En fin, te caerá del cielo, ¿no?

Justamente porque es 56 veces más probable que te caiga un rayo a que te ganes el Melate —o mejor casarse con un millonario, que es 151 000 veces más probable según Víctor Chapela, presidente de Sm4rt Security Services—, si de verdad quieres cumplir tus metas debes empezar por ponerle números y fechas. Ése es el primer paso para iniciar un plan.

Esto aplica para los Graaaaaaaaaaaaaaaaaaandes sueños, pero también para lo que te gustaría mejorar de tus finanzas personales, aunque no sean "LA META".

Para que una meta realmente funcione tiene que tener cuatro cualidades:

1. Ser específica. Nada de imprecisiones, de ponerse muy conceptuales o con cosas como: "En cinco años quiero ser rico." ¿Qué es ser rico? Define bien qué significa tu meta y decide cómo medirás los logros.

Si la meta es: "Quiero saldar la deuda de mi tarjeta de crédito del banco Bgwyko y volverme totalero en x fecha", ya estamos hablando de algo concreto.

2. Incluir el monto exacto. Si sabes cuánto cuesta ya estás del otro lado, sólo escríbelo. Si no, échate un clavado en internet, date una vuelta en los lugares donde vendan lo que quieres o platica con la gente que ya lo hizo para enterarte exactamente.

3. Fijar fecha de término. Normalmente si no lo calendarizamos se nos va el tiempo. Ni nos comprometemos realmente con la meta y no tomamos las acciones intermedias necesarias para alcanzarla. No es lo mismo: "Quiero casa propia algún día", que: "Quiero juntar de hoy a enero del 2012 el enganche de mi depa en la colonia _____ (escribe sobre la línea el nombre del lugar de tu agrado)."

Ya calendarizando puede que descubras que ahorrar $500 000 en año y medio es muy complicado, pero si ahorras $96 000 (o sea $8 000 al mes) durante cinco años, e inviertes el ahorro en un instrumento financiero que te dé por lo menos 4.1% sí puedes lograrlo. O al revés: igual pensabas que te llevaría 10 años y, tras calendarizar y hacer números, te das cuenta de que es la mitad. Así te animas a empezar.

El plazo de las metas también tiene que ver con las alternativas que tendrás para conseguirlas, cómo las vas a financiar incluso para los gastos que deberás descartar porque te roban recursos.

En el capítulo de inversiones verás que el riesgo y el rendimiento que puedas obtener está directamente relacionado con qué tanto tiempo tienes para tu meta. Más adelante vamos a clasificarlas, cuando leas "Inversiones" regrésate a este capítulo para llenar la última columna de la siguiente tabla y sepas bien en qué invertirás ese dinero.

Para ser más ordenados vamos a clasificar los plazos:

a) Corto plazo: de hoy a tres meses. Ejemplo: empezar a pagar el doble del mínimo de mi tarjeta de crédito.

b) Mediano plazo: hasta un año (en algunos países se considera que es menos de tres años, pero como estamos empezando tomemos uno). Un buen ejemplo pueden ser las vacaciones del próximo año.

c) Largo plazo: más de un año y lo más lejano que te puedas imaginar: casa, retiro, crucero con tus amigos "antes de partir", fiestón de bodas de diamante, la herencia de tus hijos.

4. Explicar el cómo del asunto. Ya tienes todo casi listo. El qué, cuánto y cuándo, pero lo interesante es justamente qué vas a hacer para lograrlo. Ya sé que estás pensando "obviamente ahorrar" o "ganar más dinero", pero eso todos lo sospechamos, el tema es "qué voy a hacer".

La idea es ligar directamente la meta a un cambio de hábito específico, ejemplo: "Para pagar el enganche de mi nuevo coche me voy a cambiar a un depa más chico donde pague $1000 menos de renta" o: "Voy a trabajar como DJ los sábados en el bar de mi primo."

Hacerlo así tiene dos ventajas: tienes claro de dónde va a provenir el dinero y es más fácil que lo cumplas porque tienes visualizado para qué lo estás haciendo.

Y ahora vamos a hacer la tarea:

Confiesa, ¿cuáles son tus verdaderas metas?

Meses y años	¿Qué?	¿Cuánto cuesta?	¿Cuándo quiero cumplirlo?	¿Qué voy a hacer para lograrlo? ¿Dónde voy a invertirlo?
Corto plazo - - -				
Mediano plazo - - -				
Largo plazo - - -				

Échale cabeza y escribe todas las metas que creas son importantes. Sólo prioriza y ve en cuál te quieres enfocar primero. Como decía mi abuelito Luis: "Hay más tiempo que vida", así que si te pones las pilas podrás lograr todo lo que te propusiste.

Lo que escribiste es un compromiso contigo y sólo contigo. Mantenlo a la vista. Una vez que tengas la tablita completa sácale una copia o si eres un artista-diseñador-*geek* o simplemente muy creativo, haz tu propia versión y pégala donde la puedas ver.

Obviamente tus metas no están escritas en piedra, pero lo ideal es que si cambian sea porque hay algo que te interesa más y no porque ya no quisiste hacer el esfuerzo. Por dinero no paramos, ése está escondido en tu relajo financiero o allá afuera, pero está.

Capítulo 3

¿En qué se te va el dinero?

Lo que debes saber
para elaborar
un presupuesto

Después de intentar algunas técnicas exprés —y otras más a mediano plazo— para empezar a ahorrar, ahora sí hay que echarnos un clavado profundo en nuestros ingresos y gastos, y sobre todo en qué tan diferentes son de nuestro presupuesto ideal.

Yo sé que hacer un presupuesto suena igual de emocionante y divertido que afiliarse al club de los amantes de las hormigas australianas o ir a una conferencia sobre la fotosíntesis de los brócolis (¿existe tal cosa?). Sin embargo, es muy útil para arreglar nuestro desorden financiero y es bastante revelador sobre cómo vivimos y cómo usamos el dinero.

Para muchos puede ser una buena dosis de realidad en campos que parece que nada tienen que ver con nuestras finanzas como nuestras emociones, la forma en que nos relacionamos con otros o incluso nuestros hábitos alimenticios.

Hacer un presupuesto sirve para:

✓ Saber cómo usamos nuestro dinero.
✓ Identificar por qué no llegamos al final de la quincena.
✓ Conocer nuestra capacidad real de ahorro.

✓ Detectar cuáles son las áreas de oportunidad para recortar que mejor se adaptan a nuestras necesidades o situación económica.

Si no tienes mucha idea de cuánto puedes ahorrar, ahora vas a enterarte.

¿Qué necesitas saber? Sólo tres cositas: cuánto ganas, cuánto gastas y la diferencia entre las dos. Algunos prefieren empezar con la primera (sobre todo para que no les entre la neura) y otros con la segunda, pero eso es opcional.

Antes de iniciar, ahí te van unos consejos para que el presupuesto que hagas sea lo más apegado a la realidad y lo más efectivo posible:

a) Necesitas realizarlo anualmente, recabando la información mes por mes. A veces hacer un presupuesto por sólo un mes puede ser engañosón porque hay ingresos y gastos estacionales como la tenencia, el pago anual de las primas de los seguros, inscripciones a la escuela, impuestos, vacaciones, regalos de cumpleaños o del otro lado bonos, aguinaldos o reparto de utilidades, que nos desvían los números.

Si de plano ahorita no tienes mucho tiempo, ganas o datos, puedes hacer un boceto general e irlo adaptando cada mes, estos ajustes no te tomarán más de 15 minutos si tienes el esquema general.

Para los gastos estacionales puedes hacer una lista por separado e ir pensando con qué los puedes financiar: ahorros de cada mes, bonos, reparto de utilidades, una parte del aguinaldo. Lo que más te funcione, el punto es que los tomes en cuenta.

Gasto	Monto
Enero	
Febrero	
Marzo	
Abril	
Mayo	
Junio	
Julio	
Agosto	
Septiembre	
Octubre	
Noviembre	
Diciembre	
Total anual:	

b) El momento en el que recibes el dinero es importante también para la planeación, así puedes ahorrar con anticipación para cuando se presente el desembolso. Que no te dé el síndrome de millonario por un día cuando te llega todo junto; aplazar ciertos gastos para evitar desequilibrios o incluso decidir si pagas de contado o con tarjeta y si ésta la pagas antes de la fecha de corte o si requerirás financiamiento, en cuyo caso hay que integrar al presupuesto siempre el costo que tendrá.

Los flujos de efectivo y las fechas son aún más importantes para quienes tienen ingresos variables como los empresarios, o quienes están en industrias cíclicas como la construcción o la turística. Ellos requieren más planeación para equilibrar sus finanzas.

c) No te olvides de los gastos "cíclicos" que se repiten a lo largo del año con cierta periodicidad como los cortes de pelo, lavadas de coche, membresías, pago de seguros trimestral, entre otros.

d) Incluye las anualidades de la tarjeta de crédito, las mensualidades de todos tus créditos y todos los costos que pagas por financiarte con dinero ajeno (intereses, comisión por apertura, etcétera).

La parte que nos gusta: los ingresos

Normalmente los ingresos o cuánto ganas es lo más fácil de saber. ¿Qué debes incluir?:

Tipo de ingreso neto (después de pago de impuestos o retenciones)	Periodicidad y fecha en que lo recibes	Monto anual
Salario neto (después de impuestos)		
Pagos por honorarios netos		
Asesorías		
Negocio familiar		
Si eres empresario, los ingresos que percibes en promedio		
Bonos		
Ingresos por comisiones		
Rendimientos o tasas de interés cobradas por nuestras inversiones		
Ingresos por venta de bienes		
Rentas de inmuebles, locales, taxis, etcétera.		

Y ahora *la que quisiéramos borrar: los gastos*

Hay muchísimas formas de organizar la información de tus gastos y la idea es que utilices la que te permita entender mejor en qué se te va el dinero. Yo sugiero una de estas dos técnicas:

1. Hacerlo de acuerdo con el nivel de prioridad que cada categoría tiene para ti.
2. Escribir todos los conceptos dividiéndolos entre fijos y variables.

El objetivo en ambos casos es recortar, pero cada una muestra de forma distinta dónde están las posibilidades de ahorro. Elijas la que elijas, idealmente deberías hacerla para todo el año de una buena vez, aunque sea más talacha, en lugar de sólo para un mes.

Los datos se recolectan de la misma manera en ambos casos: si sabes perfectamente en qué gastas —y no tienes amnesia selectiva cuando te conviene—, vacíalo directo en el formulario, en una hoja de Excel (para que sea más fácil irlo modificando), en alguna aplicación en internet para hacer presupuestos o, si de plano no se te da la tecnología, en papel.

Si haciendo memoria con todas tus fuerzas las cuentas no te salen, hay dos soluciones para encontrar esos cientos o miles de pesos perdidos:

1. **A la antigüita.** Compra un cuadernito y anota por un mes todos tus gastos. Desde el más pequeño hasta la renta, luz… acuérdate que no todos los meses son iguales, entonces pon especial atención en los gastos estacionales. Una versión 1.1 de éste método es que los anotes en tu cel, así no podrás decir: "Se me olvidó."
2. **La tecnológica.** Acostúmbrate a pagar con tu tarjeta de débito y reduce tus pagos en efectivo al mínimo. La ven-

taja aparte de que es más discreto que andar cargando una carreta de dinero (ok, exageré, exageré), es que tu estado de cuenta no tiene memoria de pez beta y ahí sí se registran todos los gastos, tanto los gustitos como los gustotes que te eches en el mes. Con el estado de cuenta puedes seguir de manera más sencilla la evolución de tus gastos en los meses y además puede ser bastante ecológico, porque muchos bancos te permiten consultarlo en línea. Eso sí, lo que gastes en efectivo de todos modos lo vas a tener que registrar en algún otro lado para que te cuadre todo.

Una vez que termines de registrar tus gastos actuales, regresa a esta parte del capítulo y llena esta "tabla de equilibrio":

Ingresos	Gastos	Diferencia

1. Si tus ingresos son mayores que tus gastos, estás del otro lado. Bueno, siempre que ya incluyan el ahorro.
2. Si tus ingresos son iguales a tus gastos hay que ver a qué le vas a pellizcar para tener recursos extras para emergencias y ahorro para tus metas.
3. Si tus ingresos son menores que tus gastos urge que te conviertas en la tijera más rápida del Oeste y veas qué puedes ajustar porque seguramente estás endeudado o te estás comiendo tus ahorros y necesitas actuar ahora para controlar la situación.

Ahora sí, las técnicas para registrar los gastos

Opción 1: de lo que más valoro a lo que menos me importa

Debes escribir todos los desembolsos, por cosas o servicio, que realizas de acuerdo con la importancia que tienen para ti. La idea es empezar por la comida (creo que en eso estaremos de acuerdo) no dejes de incluir qué tan necesarios son para ti todos esos servicios o artículos en los que gastas.

Para que la foto sea más real debe incluir ¡hasta los chicles! y por supuesto los gustitos que de vez en cuando nos damos. Igual para esta parte no tenemos un monto fijo para cada mes, pero todos tenemos un patrón de consumo: si cada mes se te atraviesa algo de ropa, una nueva serie, un juego o alguna cosa que colecciones, normalmente esos "pecaditos" tienen un rango promedio de precios, ponlo.

Cada persona tiene sus prioridades y lo que para algunos es un gasto superfluo, como ir al salón de belleza tres veces a la semana, si eres actriz igual y es muy importante para tu carrera.

La base de esta técnica es justamente respetar esas diferencias y usarlas para construir el presupuesto para que se adapte mejor a tu estilo de vida y de verdad lo sigas.

Este es un ejemplo de cómo podría quedar tu lista, pero recuerda que debes construirla desde cero, porque la idea es que sea congruente con tus prioridades para que cuando hagas los recortes necesarios tengan sentido:

Gasto	Monto
Comida diaria en casa	
Comidas en el trabajo	
Comidas fuera de casa	
Comida de la mascota	
Despensa	
Renta o hipoteca	
Transporte	
Colegiaturas (tuyas o de tus hijos, si tienes)	
Mantenimiento	
Impuestos	
Agua	
Luz	
Teléfono	
Mensualidad del auto	
Ropa	
internet	
Seguros	
Café con las amigas/ Jueves con los cuates	
Cine	
Gimnasio	
Misceláneos (chicles, cigarros, dulces, papas)	
Tintorería	

Ahora, rellena los cuadros con tus gastos mensuales:

Gasto	Ene	Feb	Mar	Abr	May	Jun

Jul	Ago	Sep	Oct	Nov	Dic	Anual

Ahora que tienes ordenaditos tus números regresa a la tabla de equilibrio. Si estás en el caso 2 y 3 o en el 1, pero no estás ahorrando, empieza a mover las cantidades en el cuadro de gastos mensuales para cada rubro hasta que estén tal como los quieres. Incluye, HASTA ARRIBA la meta de ahorro que te propusiste como la categoría principal.

¿Por qué ponerla en el primer rubro? Porque si realmente quieres ahorrar tienes que empezar por "pagarte a ti primero", leas a quien leas de todos los posibles gurús de finanzas personales que existen en el mundo y tengan las técnicas que tengan, ese es uno de los principios en los que todos están de acuerdo.

Para recortar empieza por eliminar las categorías que están al final de tu lista, pues consideraste que no son una prioridad para ti.

Si cortaste de tajo todas las que pudiste pero aún no te cuadran los números, es hora de reducir los montos un poco en las categorías que quedaron. Como no se trata sólo de escribir números como Dios te dé a entender, para cada recorte piensa cómo vas a modificar tus hábitos respecto a esa categoría para lograrlo. Ejemplo: si estás gastando mucho en servicios igual puedes proponerles a tus vecinos compartir la conexión a internet y reducir 50% ese apartado o arreglar las fugas de agua.

Algunos tips para reducir:

✓ Bajar la frecuencia de: los cortes de pelo, ir al auto-lavado, incluso el número de veces que sales a cenar, son gastos que haces cada cierto tiempo y que igual si los espacias un poco no te vas a morir y en cambio te pueden generar un ahorro anual.

✓ Si gastabas $200 cinco veces al año en X concepto y lo eliminas una vez, de $1 000 anuales bajarán a $800 (igual es poquito, pero sumando ahorros ya vamos llegando a Pénjamo). ¿En qué NO aplica? En gastos relacionados con salud o mantenimiento de tu casa o coche, puede salir más caro el remedio que la enfermedad.

✓ Sustituir: en ocasiones el mismo producto, servicio o actividad tiene algún sustituto que resulta más barato, si lo intercambiamos de vez en cuando (o permanentemente, si es que nos conviene más) nos ayudará bajarle a la gastalonez sin hacer grandísimos sacrificios. Los ejemplos más sencillos están en entretenimiento: fiesta casera en lugar de siempre salir a un bar, alternar renta de películas con idas al cine... Pero no son los únicos: lavar a mano y con mucho cuidado lo que normalmente mandamos a la tintorería o salir a correr con tus cuates en lugar de pagar las sesiones de Pilates.

✓ Compartir: el internet, la gasolina que gastamos para ir al trabajo o hasta alimentos o insumos para el hogar que se puedan comprar en volumen, son categorías en las que bien podríamos ahorrar si nos ponemos de acuerdo con amigos, familiares o vecinos. La unión hace el descuento.

Echando mano de todas las estrategias que has visto desde el capítulo de ahorro y con todas tus modificaciones, sólo resta escribir cómo has decidido gastar:

Gasto	Ene	Feb	Mar	Abr	May	Jun
Ahorro						

Jul	Ago	Sep	Oct	Nov	Dic	Anual

Opción 2: por tipo de gastos

Mucha gente prefiere hacer sus presupuestos según gastos fijos y variables, porque teóricamente los primeros son los más fáciles de recortar, y esta separación te permite observar directamente dónde hay que meter tijera, aunque esto tiene sus matices: ambas categorías se pueden ir moldeando.

En términos generales, los gastos fijos son los que son idénticos todos los meses o de un pago a otro (si es que tienen una periodicidad diferente a 30 días).

Los gastos variables, como su nombre lo dice, pueden tener montos distintos cada mes o incluso presentarse en un periodo y en el siguiente no. Pueden depender del consumo, como es la cuenta del celular, para los que tienen plan y también en algunos casos este tipo de gastos son más flexibles y podemos elegir si los hacemos o no, como los del entretenimiento.

Estas son las categorías a grandes rasgos, pero definir si se trata de un gasto fijo o un gasto variable puede cambiar de persona a otra (de una familia a otra), de acuerdo con los patrones de consumo, estilo de vida, necesidades o incluso dinámicas personales.

Para los que siempre comen fuera de casa las comidas en la oficina son un gasto fijo, mientras que para los que sólo lo hacen ocasionalmente son variables. Los impuestos pueden ser un rubro fijo para los asalariados o para quienes tienen un ingreso estable, pero para los *freelanceros* pueden ser fijo (aunque varíe siempre el monto) si tuvo ingresos, o variable (si en varios meses no tuvo ingresos). Otro ejemplo pueden ser las familias que tienen normalmente un gasto determinado en despensa pero en ciertos periodos del año reciben visitas y todo cambia.

Otro punto son los gastos mixtos: puede que tengas un plan de celular y ya sepas cual es el mínimo que vas a pagar, pero si te pasas, el resto es más variable. Ahí hay que valorar qué es lo que más pesa o tomarlo como fijo con el promedio del cobro total.

En resumen, aunque aquí vas a encontrar algunas ideas, lo importante es que las analices y decidas dónde meterlas de acuerdo con tu patrón de gastos.

Ejemplos de gastos fijos

✓ Renta o pago mensual de hipoteca para la vivienda
✓ El súper o despensa
✓ Comidas en la oficina
✓ Educación
✓ Teléfono e internet
✓ Celular (si estás en plan y no te pasas de tu renta o compras siempre el mismo monto en fichas de prepago)
✓ Televisión por cable
✓ Automóvil: gasolina, verificación, servicios a los coches
✓ Transporte público

Ejemplos de gastos variables

✓ Comidas fuera de casa, abarrotes, cigarros, cafés
✓ Artículos de limpieza e higiene personal
✓ Pago de tarjetas de crédito
✓ Pago de impuestos
✓ Gastos médicos
✓ Ropa
✓ Celular (si estás en plan y te pasas de tu renta mensual o si compras fichas de prepago con diferentes montos)
✓ Tintorería
✓ Agua
✓ Luz
✓ Entretenimiento: cine, teatro, restaurantes, bares
✓ Arreglo personal: corte de pelo, manicure, salón de belleza
✓ Cuidado de las mascotas
✓ Vacaciones
✓ Regalos
✓ Imprevistos

Escríbelos aquí:

Gastos fijos	Ene	Feb	Mar	Abr	May	Jun	Jul	Ago	Sep	Oct	Nov	Dic	Total anual

Gastos variables	Ene	Feb	Mar	Abr	May	Jun	Jul	Ago	Sep	Oct	Nov	Dic	Total anual

Con el numerito del total regresa a comparar con la tabla de equilibrio, para ver qué tan grave será el tijeretazo.

El proceso es casi idéntico al de la otra manera de hacer el presupuesto: teniendo los datos hay que decidir las áreas de recorte y hacer un nuevo presupuesto y mejorarlo. En algunos casos podemos "volarle" categorías completas a los gastos fijos o buscar la manera de reducir en ambos. Por ejemplo, si en los gastos fijos tienes la mensualidad del gimnasio, igual puedes cambiarte a uno más barato. En el caso de los variables como los gustitos o los abarrotes, puedes proponerte por un mes de verdad no comprar nada extra por más ojitos que te hagan o comprar en paquetes los chunches por los que normalmente vas a la tiendita y tenerlos en tu casa.

En los gastos fijos hay categorías que se pueden eliminar por completo o encontrarles sustitutos más baratos.

En las variables normalmente son gastos en los que debemos tratar de ser más racionales, como la luz o el agua, o si ya de plano tu situación es muy crítica eliminarlos mientras te estabilizas, como salir a cenar los fines de semana.

En algunos casos hay gastos fijos que pueden volverse variables o viceversa: igual no vas tanto al gimnasio como para pagar una cuota mensual y te conviene más pagar por sesión, o si en tu plan actual de teléfono te estás pasando mucho puede convenirte uno con más minutos, pero con un monto tope por si te pasas (obviamente ya no deberías aumentar tu consumo, porque si no, te quedas incomunicado y es el cuento de nunca acabar).

Después de haber pasado tijera escribe TU nuevo presupuesto y no olvides meter en gastos fijos el ahorro que tienes planeado para cada mes.

Pequeño cerdo capitalista

Gastos fijos	Ene	Feb	Mar	Abr	May	Jun	Jul	Ago	Sep	Oct	Nov	Dic	Total anual

Gastos variables	Ene	Feb	Mar	Abr	May	Jun	Jul	Ago	Sep	Oct	Nov	Dic	Total anual

Detectando fugas

Todos sabemos de qué pie cojeamos, a veces no lo queremos aceptar, pero eso es otra historia.

Para encontrar potenciales ahorros hay que detectar esas fugas que boicotean nuestro presupuesto. Haz memoria, después consulta con la gente que vives, amigos cercanos o que por algún motivo siempre te ven gastar (algunos siempre te están criticando cierto hábito) y pregúntales. Por último también puedes ir anotando los que encuentres en el camino.

Fuga	Monto	Frecuencia	Total anual

¿Cuaaaaánto en total?: _____

¿Cuáles deben ser tus objetivos de recorte cuando ya no encuentras qué reducir?

Llega un punto donde puede que por mucho que jerarquices, reduzcas, le pellizques aquí para ponerle acá, ya no le encuentres solución a tu presupuesto. Déjalo "reposar" y después de uno o dos días vuelve a darle un vistazo. Revisa que no hayas olvidado ninguna de estas cinco cosas:

1. **Gastos graaaaaaaandes en tu vida.** ¿Cuáles son las cosas en las que más gastas? ¿Renta? ¿Salidas? ¿Créditos? ¿Celu-

lar? ¿Estacionamientos y valet parking? ¿Gasolina? ¿Puedes hacer algo por reducirlos? No des por sentado que por ser importantes o grandes deben mantenerse de la misma manera. Ponte a prueba y piensa si hay alguna manera de que ahorres en ellos.

2. **Gasto hormiga, chiquitos pero al sumarse** ¡cómo pesan! Normalmente se nos olvidan porque son $10 de propina para el "viene-viene", $7 para los chicles, $20 para el cafecito de las cinco de la tarde, $12 de la botella de agua… son montos pequeños o artículos baratos que siempre andas olvidando y tienes que comprar. Igual como no es tan caro no lo cuentas, pero tu quincena sí.

3. **Comisiones y cobros.** Si tienes varios productos financieros repetidos, como cuentas de débito o más de las que necesitas de crédito, seguros de vida o accidentes que te vendieron en el súper, con el recibo del teléfono o con otra tarjeta, puedes estar gastando un dineral en anualidades, comisiones y primas. Eloy López, especialista en protección financiera (su sitio es www.previsionfinanciera.com), tuvo una clienta a la que le hizo una auditoría de todos los seguros que había acumulado y resultó que estaba pagando $17 000 anuales por coberturas que en 80% de los casos no necesitaba porque estaban repetidas o no se ajustaban a sus necesidades.

Esto también aplica para créditos donde estás pagando más de lo que deberías: ¿hay un nuevo esquema para tu crédito hipotecario con tasas más bajas? Averigua si puedes refinanciar, ¿eres un tarjetahabiente cumplido? Busca un banco que te ofrezca mejores tasas a las que tiene tu actual plástico.

4. **Membresías que no usas.** ¿Hace cuánto que no vas al club que ibas de niño con tus papás, pero sigues con los pagos anuales? Si te gusta tenerlo por una razón sentimental, ¿por qué no averiguas cuánto cuestan los pases de invitados? Otro ejemplo: ¿realmente aprovechas los clu-

bes de descuento o sólo vas unas veces al año y acabas comprando toneladas que se echan a perder antes de que las termines?

Aunque no es propiamente una membresía, esto también puede aplicar para los tiempos compartidos, que yo no sé por qué pero las familias los aman y usan los primeros dos años y luego ya no saben a quién enjaretarles las semanas (sobre todo si se emocionan comprando el tiempo compartido en Cancún y viven en Monterrey, ¿verdad?).

5. **Pequeñas flojeras.** Invertir diariamente dos horas en ir al trabajo caminando para ahorrarte la gasolina definitivamente no es negocio (aparte de que vas a llegar con un bouquet...), pero sí hay otras cosas que por flojerita te hacen gastar más y son relativamente fáciles de adaptar a tu estilo de vida.

¿Quieres ideas? Llamar más del teléfono fijo que del celular, aprende a cocinar, haz tú café en la mañana, cómprate algo rico porque cambiar un *latte* doble por soluble con azúcar como que tampoco, tampoco; camina más o levántate más temprano para evitarte el tráfico y el gasto excesivo en gasolina.

OBVIAMENTE el chiste de todo este merequetengue es que tengas recursos extra, no que nada más cambies tus hábitos. Si gastabas $150 en chicles al mes de paquete en paquete, y decidiste comprar la caja por $120, entonces deposita los $30 restantes en tu cuenta (sí, aunque sólo sean 30) y ya no compres más en el mes. Si no, sólo te estás complicando la existencia de a gratis

Últimas sugerencias
(de verdad, ya *las* últimas de presupuesto)

Disculparás la necedad pero ahí voy de nuevo: seguramente habrás visto que en ambos métodos el "Ahorro" es un rubro que debe incluirse en el presupuesto y además debe ser lo primero en la lista.

Si no presupuestamos el ahorro siempre habrá algo que se lo termine comiendo, y si lo vemos desde un punto de vista muy práctico tienes que destinarle recursos porque sirve para comprar algo invaluable: tranquilidad, libertad financiera y margen de maniobra.

Si te echas un clavado a libros de finanzas personales o sitios de internet seguramente encontrarás otras formas de hacer un presupuesto, casi todos presentan pequeñas variaciones en estos dos métodos. En cualquier caso es importante que elijas el que funcione, elabores un presupuesto realista, basado en tus patrones de consumo y que se adapte a tus necesidades.

Si nos proponemos reducir nuestros gastos 50% en un mes viviendo a pan y agua y bañándonos con agua helada para ahorrar en gas, lo más seguro es que aguantemos una semana y déspués mandemos todo a volar. Es mejor ir modificando nuestros hábitos poco a poco y alcanzar metas que nos mantengan motivados.

Nada es para siempre y tampoco los presupuestos. Seguramente el primero que hagas requerirá ajustes y es importante que al principio revises mes con mes qué tanto pudiste respetarlo y qué hay que cambiar.

Después analízalo cada vez que haya algún cambio importante en tu vida. Si no, todo va a quedar muy bien en papel pero, ¿y en la práctica? Todo se basa en el tiempo que inviertas en tu presupuesto para que éste funcione y te permita retomar el control de tu dinero.

Capítulo 4

Que no te agarren en curva: el fondo de emergencia

Todos estamos salados
de vez en cuando

¿Alguna vez se te descompuso el auto por algo menor que el deducible de tu seguro y no sabías ni de dónde sacar para pagarlo? ¿Te has quedado sin trabajo o simplemente lo que tienes ahorrado "no te alcanza" para vivir si eso pasa? ¿Si te hospitalizaran tendrías que pedir prestado? ¿Has perdido celulares nuevecitos empezando el contrato? Si tuvieras que hacer un viaje no planeado por alguna urgencia familiar o de negocio, tendrías con qué solventarlo? Si contestaste sí a alguna de estas hipotéticas y muy posibles situaciones o te han ocurrido otras similares, te URGE crear tu fondo de emergencias.

¿Para qué es un fondo de emergencia (y para qué no es)?

Siempre hay algo que por muy previsores que seamos, nos puede desbaratar nuestros bellísimos —y optimistas— planes. Claro, a unos más que a otros. Si traes tu nubecita negra sobre la cabeza favor de pasar por una limpia a Chalma antes de continuar leyendo este capítulo.

Para la mayoría un imprevisto puede implicar dar un "tarjetazo" no planeado o salir corriendo a pedir dinero a los parientes. Una manera más barata y menos latosa es hacer un "cochinito" para guardar el dinero que puedes necesitar para superar un evento inesperado.

Normalmente estas emergencias implican daños o desperfectos que no cubre ningún seguro, como averías en el auto o la casa que no alcanzan el valor del deducible; consultas o que a tu computadora le caiga agua cuando ya no entra en garantía; que el refri chafeó intempestivamente, y hay que cambiarlo ¡ya!; que la mascota se enfermó, en fin, cosas difíciles de prevenir. En este fondo también deberías incluir el monto de los deducibles de tus seguros, que es un desembolso de emergencia que pocas veces consideramos.

El fondo de emergencia no es una alcancía donde guardas para sacar cada vez que se atraviesa la oportunidad dorada de compra o el concierto que siempre habías esperado (aunque también podrías hacer un fondo para conciertos). Como su nombre lo dice, es dinero exclusivo para imprevistos, no se gasta o se toca para otros fines.

Hablando de qué NO es un imprevisto, normalmente sabes cuando estás muy endeudado y vas a tener a los cobradores sobre el cuello. Ese dinero, que conoces que vas a tener que pagar, no califica como emergencia, más bien debería estar en tu presupuesto.

Ni muy muy, ni tan tan: reserva lo justo

La regla de dedo —como les encanta decir a los financieros— es que tengas entre tres y seis meses de tu sueldo ahorrado para este fin. Ya lo que tú realmente necesites tendrá que ver con el tamaño de las emergencias que puedan sucederte, con el número de personas que dependan de ti o con factores de tu estilo de vida. No es lo mismo tener un trabajo estable o uno donde pasas muchos meses sin cobrar, por ejemplo.

¿Cuál es la desventaja de tener demasiado en tu fondo de emergencias? Que como debes guardarlo en algún tipo de cuenta con disponibilidad diaria, lo más seguro es que genere unos intereses microscópicos. Entonces estarías perdiendo la oportunidad de hacer dinero con el excedente de lo que realmente requieres para imprevistos.

¿Y si tengo muy poco? Ahí el problema es que cuando llegue la emergencia puede que no te alcance y tengas que recurrir a familiares —en el mejor de los casos—, a la tarjeta o a vender bienes o propiedades y no exactamente al mejor precio, por aquello de la urgencia.

Entonces, ¿cuánto necesito?
1. ¿Cuánto gastaste en tu última emergencia?
2. ¿Cuánto supones que te costaría la más cara de las emergencias que podrías tener, que no se cubra con tus seguros (incluye desempleo por unos meses)?
3. ¿Cuánto tienes ahorrado para emergencias?
4. Haz un promedio entre el número 2 y 3.
Eso es **más o menos** lo que podrías necesitar.
5. Ahora réstale lo que tienes ahorrado
6. Planea cuánto tienes que destinar al mes para llegar al punto 5 en un año (o el tiempo que decidas, pero no una eternidad).
Empieza pero ¡ya! a formar tu fondo de emergencias.

¿En dónde debes tener tu fondo de emergencia?

De inicio, lo ideal es que sea en una cuenta separada del resto de tus ahorros —si los tienes en fondos de inversión, basta con que no sea el mismo fondo—, si no, se te acaba mezclando el dinero de las urgencias con los ahorros de mediano plazo y tu sueño dorado, y total que ya no sabes cuánto tienes para cada cual.

Lo segundo es que necesitas "disponibilidad", es decir, un instrumento donde saques el dinero sin retrasos —el mismo día— y sin penalidades o comisiones. También entérate bien cuál es el procedimiento, para que no andes angustiado averiguando cuando se presente el problema.

Como es dinero que no te puedes "estar jugando" y que no sabes si lo vas a necesitar hoy o dentro de seis meses o un año, tiene que estar en algo que no tenga muchas variaciones. Es decir, que si está invertido, que sepas al final del periodo cuánto vas a tener. Renta variable en general, particularmente Bolsa, descartado.

Esto implica que los rendimientos a los que puedas aspirar serán bajitos —alrededor de 2% anual en cuentas de banco o más o menos dos puntos menos que los Cetes o casi igual que los Cetes—, pero es el costo de la seguridad y de tenerlo a la mano.

¿Qué tipo de cuentas puedes usar? Cuentas a la vista, fondos de inversión de deuda de corto plazo con disponibilidad diaria, instrumentos de inversión bancarios de corto plazos como los pagarés de vencimiento diario o certificados de depósito, o en cuentas en cajas de ahorro reguladas. De cualquier modo, siempre hay algunas alternativas en las que puedes ganar un poquitito más que en otras, así que vale la pena que les des una buena revisada.

Capítulo 5

Tu deuda no es culpa de tu banco

Cómo lidiar con la "tarjetitis", usar el crédito responsablemente y reestructurar adeudos

Podría parecer ocioso empezar este capítulo con una historia de problemas con tarjetas de crédito. Todos conocemos una, incluso hasta tenemos varias para contar. De todos modos lo haré, porque cada vez que pienso en ésta me asombra por ¿irracional?, ¿desproporcionada?... No sé ni cómo describirla:

Érase una vez un dichoso hombre que a sus veintitantos casi-treinta años vivía felizmente en casa de su abuelita con un sueldo de $10 000 mensuales.

Sin pagar renta y con el apapacho de las "mamás grandes", que todos los mexicanos conocemos, a este hombre le alcanzaba para todo y más.

No era el más *fashion* ni el más gastalón, pero dinero nunca le faltaba hasta que ¡oh lalá! conoció a Lady M.

La señorita lo deslumbró con su belleza, simpatía, inteligencia y estilo... estilo que tenía un pequeño detalle: estaba pagado a crédito y no exactamente bien calculado.

Lady M tenía un deudón en la tarjeta que casi alcanzaba para comprar un carrito modesto y todo por sus frecuentes visitas a boutiques y al Palacio de Hierro.

Por alguna extraña razón Don feliz-en-casa de la abuelita decidió que "Lo tuyo es mío, lo mío es tuyo" (incluida la deuda de la tarjeta de crédito) y además de embarcarse solidariamente con los pagos, también se metió en el mismo tren de gastos de la susodicha.

Resultado: dos años después, él que antes de conocerla no sabía que era un plástico —salvo el de su cuenta de nómina—, ahora tenía una deuda de $80 000.

De vivir felizmente durante años con $10 000, pasó a no poder llegar al fin de la quincena con los $50 000 que ganaba gracias a que su carrera había tenido un ascenso meteórico.

Cuidado con la "regalitis"

Para que vean que no sólo los hombres se enganchan con relaciones "costosas", ahí les va un pequeño ejemplo: tengo una amiguita del trabajo muy *fashion* y guapa, con la que diseñé cursos de finanzas personales, valga la ironía, bien podríamos apodarla la tarjeta más rápida del Oeste.

El caso es que trae un novio que es el mismísimo príncipe azul, que la ha consentido como ningún galán antes y le ha dado unos detallazos.

Cuando "le llegó" (sí, todavía se usa en algunos lados) pidió una mesa en la cava de un restaurante de comida molecular, súper de moda obviamente, y se gastó varios miles de pesos.

Cuando iba a ser el cumpleaños del susodicho, ella le quería regalar una loción, una camisa de diseñador (se defendía con que estaba a meses sin intereses) y además estaba planeando una cena en la playa.

Todo esto está muy bien, pero apenas llevaban dos meses. El argumento es que como él tenía unos detallazos, había que lucirse y superarlos, porque era su cumpleaños.

Románticamente puede que haga sentido, pero sin "desearles el mal", de seguir así, lo más seguro es que acabarán en bancarrota. Una relación así se convierte en una carrera sin fin de quién da el mejor regalo, quién hace el detalle más espectacular y al final también en quién acaba más sobregirado.

A veces confundimos generosidad, amor o romanticismo con precio y la verdad es que bien poquito tienen que ver.

Sonaré a campaña navideña noventera pero "regale afecto, no lo compre" y no se enganchen en dinámicas de "quién da más".

Tu deuda no es culpa del banco

Habrá quien jure y perjure que el origen de todas sus desgracias crediticias son los bancos, pese a que durante el año firmó como si no hubiera mañana en todas las ventas nocturnas, baratas o incluso salidas de fines de semana.

Algunos piensan que el villano de la película es el banco, pues: "¿Para qué me dieron ese límite de crédito si me lo iban a cobrar?" —esta es una pregunta real, extraída de un comentario en un blog.

Incluso me he encontrado con los que no se explican por qué les dieron una tarjeta si tenían un salario bajo. Una de esas personas era un colega periodista que alguna vez tuvo la loca idea de entrevistarme para un reportaje de consejos para superar la crisis y que estaba dirigido a "adultos contemporáneos".

Durante la famosa entrevista —la primera de mi vida del otro lado de la grabadora— hablamos más de deudas y de tarjetas de crédito, que de la crisis en general. Todo iba bien hasta que llegó a "LA" pregunta: "¿Pero no te parece cínica la manera en que los bancos se lavan las manos respecto al problema de endeudamiento de la gente?"

El preámbulo era cómo los bancos son tan malos con los pobrecillos consumidores que no hicieron nada para estar en esa situación… nada, salvo gastarse el patrimonio de hasta sus tataranietos.

Le contesté que el buen o mal uso del crédito realmente no era asunto del banco sino de los usuarios, que nadie nos pone una pistola para firmar ni nos obliga a comprar ocho bolsas de diseñador, cuatro botellas de whisky en el antro —que era el ejemplo que él mismo me dio— o una mega pantalla plana. Excuso decirles que casi se le va chueco el omelette al hombre (estábamos desayunando). Esa es la reacción más común al aclarar que tu deuda no es culpa del banco.

Mi respuesta ni siquiera se debe a que crea que los bancos son unas santas palomas. El crédito en México es más caro que en otras partes del mundo. Un colega estadounidense se quejaba de tasas de "hasta 14%" en su país ¡ternurita!, quítate que ahí te vamos con las de cincuenta y tantos por ciento, que manejan las instituciones más caras.

Pero ese no es el pretexto. Mientras la gente esté convencida de que es una víctima y le cargue el santito de su endeudamiento a alguien más, jamás de los jamases saldrá de su deudota.

Nunca aceptará que tiene un problema de administración, de gasto o de conocimiento de esta herramienta, que no tiene que ver con que le den o no crédito. Y como pilón, si "la culpa es de otro" tampoco necesita buscar una solución, porque no se dan cuenta de que está en sus manos literalmente.

De inicio, hay que entender que el crédito no es un aumento de sueldo. Repito: el crédito NO es un aumento de sueldo. El hecho de que te den una tarjeta de crédito, no te da más recursos para gastar —los bancos y Santa Claus no son la misma persona—, sino la posibilidad de tener más flexibilidad para pagar lo que estás comprando.

Puedes adelantar una compra, pero como dicen mucho los especialistas financieros "el crédito es un ahorro a la inversa". En vez de ir reuniendo dinero para comprar en el futuro, adquieres el artículo hoy y tienes que ir separando una cantidad para pagarlo. A muchos les gusta la primera parte —lo de comprar ahora—, pero "se les olvida" que hay que pagar y con su mismito sueldo.

En teoría no deberías de endeudarte por montos que al mes sean mayores a 30% de tu sueldo, ya contando créditos de casa, coche, tarjeta de crédito, etcétera. De lo contrario, tarde o temprano te vas a ahorcar con tanta deuda.

Hay que considerar también que el crédito es todo menos dinero gratis. Usar los recursos de alguien más —en este caso del banco o Sofom (Sociedad financiera de objetivo múltiple)— siempre tiene un costo y hay que conocerlo bien. Ni modo, es un negocio, no una extensión de la orden de las Carmelitas descalzas, ¿o le prestarías indefinidamente y de a gratis al clásico amigo que no paga?

El entrevistador se quejaba de que aun cuando te endeudabas mucho el banco no te cortaba tu línea de crédito, pero lo que no saben muchos es que si firmas y firmas te vuelves un cliente "más riesgoso" y "más riesgo = tasas más caras", para compensar el aumento en las posibilidades de que dejes de pagar.

No es feria, elige el financiamiento adecuado

Hay un crédito para cada cosa. Recuerdo muy bien el caso de Erick —otro amigo que es periodista— que al entrar a su segundo trabajo quería comprarse una motocicleta. Estaba pensando dar un tarjetazo y financiarla varios meses.

Era la peor idea en la historia de las malas ideas de financiamiento. En el trabajo sus cuates le dijeron en todos los tonos que no lo hiciera. Al final compró la moto, pero ya no dijo cómo. Quiero pensar que lo convencieron, porque si no le hubiera salido carísima.

Si te vas a comprar algo de $50 000, ¿por qué no mejor pides un crédito de nómina o personal con una tasa de 25% anual o un automotriz? (en este caso aplica porque era una moto). La mensualidad sería más baja que el pago mínimo de la tarjeta ($2900), te evitarías pagar 2.15 veces su precio y se podría liquidar en dos años, según los simuladores de tarjeta y de crédito automotriz de la Condusef.

Una moto que se convierte en coche... en el costo	
Precio inicial (capital)	$50 000
Tasa de interés	40%
Pago mínimo mensual (porcentaje del total)	8%
Pago mínimo mensual en pesos	$4 000
Plazo de pago	trece años nueve meses
Pago final	$107 704
Fuente: Calculadora de pagos mínimos en tarjeta de crédito de la Condusef, julio 2010.	

¿Por qué alguien elegiría pagar más por lo mismo? Simplemente por no saber cómo funcionan los instrumentos o por flojera de hacer una solicitud.

El crédito es una herramienta de verdad útil si la usas con planeación y para amortiguar tu consumo en el tiempo. Además es necesaria para generar un buen historial. Eso sí: toda herramienta es tan buena o mala dependiendo del uso que le demos.

¿Cómo nos metimos en esta bronca?

Para saber por qué tenemos una tarjeta carísima, una deudota o simplemente parece que nos volvimos coleccionistas de plásticos hay que remontarnos a los orígenes: ¿cómo obtuviste tu primera tarjeta?

a) Comparé todas las opciones y elegí la de mejor tasa y condiciones.
b) Me la enjaretó una señorita de un stand en el súper-banco-farmacia-centro comercial (ponga usted el lugar en que sucedió).
c) Era la adicional de mi papá o de mi mamá.

La "B" es la forma en la que la mayoría obtuvimos nuestra tarjeta de crédito "nos las dieron", o al menos así era antes de 2008, cuando realmente se empezó a sentir la crisis financiera global.

El problema de este "modo de entrada" es que no necesariamente tienes la tarjeta con la mejor tasa, los mejores beneficios o afín a tu perfil de compras —para los muy viajeros los programas de recompensas con millas pueden ser mejor opción que los puntos y viceversa.

La "C" es una manera suave y más barata de introducirte al sistema financiero, porque normalmente los padres que ya tienen tiempo en estas andadas tienen la versión oro o platino.

Lo que hay que evitar es quedarse de "junior" crediticio por mucho tiempo. Solicita tu tarjeta cuanto antes y empieza a generar tu historial crediticio. Si no, siempre dependerás de ellos y cuando quieras un crédito hipotecario o automotriz será más caro o complicado que si te hubieras "independizado".

Esto implica que el ideal en la vida sería que la respuesta fuera "A": que nos hubiéramos dado a la tarea de cazar la mejor tarjeta y solicitarla cuando ya estuviéramos informados de cómo usarla y conociéramos nuestras capacidades de pago.

Si no fue así, no te preocupes, no todo está perdido: todavía puedes solicitar esa tarjeta a tu medida o simplemente convertir las que tienes en algo más acorde a tus necesidades y más barato en cuanto al costo del financiamiento.

A finales de 2010 había **13.2 millones** de tarjetas de crédito en uso en México.

Fuente: Banxico. Indicadores básicos de tarjetas de crédito.

¿Qué tomar en cuenta para encontrar la buena?

Tasa de interés. Éste es el costo del crédito y cambia no sólo de banco a banco, sino de una tarjeta a otra del mismo emisor. Es variable y puede modificarse con el tiempo debido al tamaño de nuestras deudas, el nivel de riesgo que representemos para el banco y la situación económica en general.

De cualquier modo es importante revisar las tasas introductorias de cada producto para saber cuál podría potencialmente convenirnos más.

Tasa de interés de las tarjetas de crédito
(Promedio ponderado. Ojo, ¡¡¡no son las máximas!!!)

Fuente: Banco de México

El Costo Anual Total (CAT). En términos de medida de comparación es como el hermano mayor de la tasa de interés, porque la incluye, pero también integra todos los conceptos por los que un banco te puede cobrar, como las comisiones, los gastos y los impuestos. Al final se expresa en la forma de un porcentaje y entre más bajo es mejor.

El CAT sirve para comparar entre créditos del mismo tipo y plazos iguales. Peras con peras y manzanas con manzanas: puedes comparar el CAT de una tarjeta con otra, pero no el de un crédito hipotecario con un automotriz.

Por ley los bancos y las instituciones de crédito deben informar al público el CAT de sus productos. Puedes encontrarlo en las sucursales en pósteres o folletos. También puedes hacer tu propio cálculo del CAT en los simuladores de la página del Banco de México www.banxico.org.mx o buscar los comparativos de tarjeta de crédito, crédito hipotecario y automotriz que publica periódicamente la Condusef.

Los programas de recompensas. ¿Para qué te sirve ganar puntos para comprar en una tienda de mascotas si ni te gustan los animales? En cambio si eres súper viajero, igual una tarjeta que acumule millas por cada vez que firmes sería buena opción. En el mercado hay programas hasta para los aficionados de las Chivas o el América, así que seguro encontrarás alguno que se adapte a tu estilo de vida.

Las comisiones. En algunos bancos si tienes más de un producto financiero con ellos te reducen o hasta eliminan las comisiones. Pregunta si es el caso.

También puede haber algunas tarjetas que no cobren por servicios que usas mucho. Averigua antes de firmar el contrato.

Los servicios. Las tarjetas pueden tener teléfonos de asistencia en el camino, reservaciones de eventos o hasta *concierge*, por si quieres sorprender al galán o galana con una cena romántica en Bali. Obvio, depende de si es un plástico sencillito y carismático o una oro-platino-diamante-etcétera.

Los seguros. Algunas tarjetas tienen protecciones como:

✓ Seguros contra clonación o fraude.

✓ Seguros de compras con los que te extienden la garantía de electrodomésticos y electrónicos.

✓ Protección de pagos, con los que en compras en el extranjero si pagaste con tu tarjeta y encontraste el mismo artículo más barato, te reembolsan la diferencia.

✓ Seguros contra accidentes en viajes.

✓ Seguros de autos si rentas un coche (te ahorras el de la agencia donde lo alquilaste).

Obliga a tu banco a bajarte la tasa de interés

Ser un buen pagador tiene sus ventajas y entre ellas volverse un cliente valioso que los bancos no quieran dejar ir. Eso hay que capitalizarlo para disminuir el costo de nuestros créditos.

¿Qué, qué? ¿Cómo? es muy sencillo: negociando con tu banco que te bajen la tasa de interés. Tanto en el caso de Paris —el *bloggero* de "Qué no hacer", que de financiero no tiene ni un pelito— como en el de Armando, director de cierta compañía de pagos electrónicos. Ambos querían cancelar sus tarjetas, precisamente porque la tasa era bastante más alta que la de otra tarjeta que tenían o que podían tramitar y llamaron al banco.

A París le rebajaron su tasa de interés de 44% a 19%. A Armando le tocó pasar por un largo interrogatorio de por qué se quería ir. Cuando le respondió a la señorita del *call center* que la razón era porque los consideraba unos careros con la anualidad y la tasa, le ofrecieron bajarla a la mitad.

¡Hay que estimular la competencia! Atraer a cada cliente tiene un costo para los bancos que tarda alrededor de tres años en amortizarse. Esto por los gastos en publicidad y las comisiones que pagan a los ejecutivos de cuenta para atraerlos. Por eso, no los dejan irse por unos "puntitos" de la tasa de interés.

Así que si eres buen pagador y te cobran de más, siempre puedes hablar y negociar.

En el peor de los escenarios, si no resulta, puedes buscar otro banco que te haga ojitos para que lo elijas. Sólo un consejo: debes encontrarlo antes de cancelar tu tarjeta, no sea que te quedes bailando.

Puede que tengas que invertir algo de tiempo para cualquiera de estas opciones, pero si se convierte en dinero, ¿por qué no?

Le bajo su tasa, ¡¡¡pero no me deje!!!

Por qué SÍ necesitas una tarjeta de crédito, y más si eres joven

Como dicen por ahí: "Ni muy muy, ni tan tan". Yo no sé por qué con las tarjetas de crédito somos tan intensos-extremistas-locos-dañados: o de plano hay gente que las usa para todo y anda firmando hasta sus chicles a meses sin intereses, o están los que les ponen las cruces a las tarjetas, nunca quieren sacar una o las cancelan todas de un tirón después de tener una deuda por un mal manejo o una situación fortuita.

Ningún extremo es bueno. Las tarjetas son solamente instrumentos. Si nos tomamos media hora con el ejecutivo de cuenta para entender cómo carambas funcionan y partimos de que no es dinero gratis, pueden ser muy convenientes para manejar mejor nuestros gastos.

¿Cuál es la onda con las tarjetas? Dicen las malas lenguas —es decir, versión por confirmar que oí varias veces—, que las tarjetas se inventaron porque había unos cuates en Nueva York que iban a cenar a cierto restaurante casi cada semana. Les salía el mexicano que llevaban dentro y hacían unas larguísimas sobremesas. A la hora de pagar, salían con que: "¿Nos vamos?, ¿nos quedamos? o ¿mandamos por más dinero?", y de los tres, aplicaban la última. Entonces el dueño del restaurante les abrió una línea de crédito, ellos firmaban y la siguiente vez que iban, pagaban. Nótese que no dejaban la cuentota hasta el fin de la eternidad sino hasta su siguiente visita.

El principio no ha cambiado: tienes un periodo del día X al día Y en el que puedes realizar compras y después viene el periodo de pago. Si no liquidas en ese tiempo, te cobran intereses.

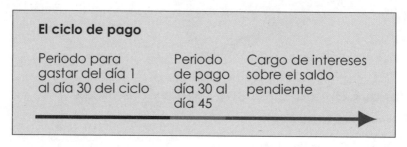

El ciclo de pago

| Periodo para gastar del día 1 al día 30 del ciclo | Periodo de pago día 30 al día 45 | Cargo de intereses sobre el saldo pendiente |

Normalmente el periodo de gasto son 30 días y el de pago otros 15 días. Pensando que fuera la primerita vez que usas tu plástico, tienes 45 largos días para saldar lo que firmaste el día 1. Es decir, 45 días para usar ese dinero SIN costo.

Pasando la fecha límite de pago ahí sí empiezan a correr los intereses y se calculan sobre el monto que hayas dejado pendiente, así sea un peso. Esto implica varias cosas:

La primera es que los "totaleros" (quienes pagan todo cada mes) no pagan interés. Por eso a ellos la tasa de interés medio les hace lo que el viento a Juárez. De todos modos hay que buscar la tarjeta más barata que se adapte a tus necesidades o con los beneficios que te conviene, por si en algún momento quieres usar el financiamiento.

La otra cara de la moneda es que no ser totalero implica pagar lo que firmes más caro que el resto de los mortales que compran de contado.

La segunda es que entre más tiempo traigas cargando tu deuda más cara se vuelve, pues los intereses se capitalizan. Así como existe el interés compuesto para las inversiones, lo hay para las tarjetas: se generan intereses sobre el saldo y sobre los intereses de lo que debes, por lo que puede crecer a gran velocidad.

31% de los tarjetahabientes en el país son totaleros.

Fuente: Banxico. Indicadores básicos de tarjetas de crédito.

Teniendo esto en cuenta es una decisión personal o de conveniencia para nuestras finanzas dejar o no que nuestra deuda aumente.

Ahora te van las razones para tener una tarjeta, obvio usándola con prudencia y a nuestro favor:

1. Hacer historial. A ver, ¿a quién le prestarías más fácil un millón de pesos, a un amigo que te pidió $100 000 y te los regresó puntualito o a un cuate que ni conoces? Quiero pensar que al primero, ¿verdad? Es idéntico con los créditos de coche o de casa. Para prestarte más lana los bancos, Sofoles, Sofomes, uniones de crédito, o cualquier institución de este tipo necesita conocerte.

Tener un historial limpio y largo ayuda a conseguir el crédito y a que te lo den en las mejores condiciones.

Entre más chavo saques una tarjeta, mejor. No importa que sea la de tu equipo de futbol, la tienda departamental o la más básica. El caso es que cuando quieras hacer compras más grandes como coche, casa o algo de tu negocio, obtendrás mejores condiciones (o ya de plano que te aprueben el crédito, no se diga más). Eso sí, favor de no alocarse a la primera de cambios y correr por un PSP, Wii o lo que sea.

2. Planeación y jineteo. Si eliges tu fecha de corte conforme a los pagos claves de tu mes tienes una quincena extra para equilibrarte, en vez de andar súper bruja los primeros catorce días del mes porque se te vienen todos los pagos y apenas puedes respirar hasta la segunda.

Finalmente esos 30 días son tuyos para manejarlos y si pagas puntualito eres tú quien se beneficia.

Para compras de bienes duraderos, verdaderamente útiles, indispensables y de largo plazo, los meses sin intereses son una maravilla (nótese que es una burrada meter a quince meses sin intereses la blusa que va a pasar de moda en seis meses, el pavo que te tragoneaste en Navidad o los juguetes que trajo S.C. y que seguro el año que viene ya se desconchinflaron).

3. Son una escalerita. Normalmente las primeras tarjetas son más caritas y básicas en sus beneficios. Conforme los emisores observan qué tan bien portado eres, te van ofreciendo mejores condiciones, versiones corregidas y aumentadas, con más servicios o la anualidad es más barata.

4. Acceso. Desde abrir una cuenta en el hospital en lo que el seguro hace su entrada triunfal, hasta comprar en algunos establecimientos o sitios de internet, la tarjeta es una llave para acceder a algunos servicios donde necesitas algún tipo de respaldo o garantía.

5. Control y remedio contra los que tienen memoria de pez beta. ¿Cómo que no te acuerdas en qué se te fueron $4 000? Para eso sirve el estado de cuenta: a ése sí que no se le olvidan las chelas y el: "Yo invito", ni los cafés del jueves, ni el suéter que se te pegó en la tienda etcétera, etcétera...

Como ya discutimos que tampoco es feria y no se puede pagar todo con la tarjeta de crédito, es útil combinar con la de débito y más importante: revisar. El efectivo se nos va como agua, pero con un estado de cuenta es más fácil ver qué carambas estamos haciendo.

6. Seguridad. Muchas de las tarjetas tienen seguros o chunches contra fraudes o clonación —favor de revisar en tu contrato si es tu caso, por si las moscas—, son muy útiles para el rollo de aclaraciones de cargos no reconocidos.

Además son más discretas que el efectivo, porque no le andas abanicando los billetes en la cara a la gente cuando pagas o sacas del cajero, y evitas que todo México se entere que traes $10 000 en la cartera.

El diablo no está en las cosas sino en los usos, así que en lugar de sufrir las tarjetas, aprovéchalas para mejorar tu flujo de dinero y organizar mejor tus gastos, no para llenarte de deudas que te agobien y no puedas pagar.

Es importante saber cuándo te sirve pagar con ellas, cuánto te cuesta, cuándo vale la pena financiarse y cuándo mejor te amarras las manitas, porque ya quedamos en que nadie nos obliga a gastar.

> **Tip**
> Si perdiste tu tarjeta en un viaje al extranjero, puedes reportarlo con tu banco o con la compañía de pagos electrónicos respectiva (Mastercard, Visa o American Express) aunque no tengas todos los datos a la mano. Ellos te la reponen o envían, incluso, puedes recogerla en cualquiera de los países en las que andes danzando. Los teléfonos para llamar desde cualquier parte del mundo están en las páginas de internet y te constestan en tu idioma. Además tienen

otros beneficios como el anticipo de efectivo, que te puede ayudar en una emergencia o simplemente para seguir tu viaje con tranquilidad.

Los pagos mínimos... que a la larga pueden ser máximos

Otro de los puntos que son fuente de confusión con las tarjetas son los famosos pagos mínimos. Muchas personas pagan sólo esta fracción de lo que firman cada mes porque creen que son "cómodas mensualidades" o un pago fraccionado del precio de contado.

La realidad es diferente: el pago mínimo es entre 5% y 10% del saldo de tu deuda, dependiendo del banco. Si sólo pagas esta proporción de lo que gastas, lo que dejaste pendiente en tu tarjeta genera intereses. Si encima sigues firmando y firmando, tu deuda se convierte en una bola de nieve.

En la mayoría de las tarjetas, la proporción del pago mínimo que se va a capital (lo que originalmente firmaste) es menos de la mitad. El resto son intereses, comisiones e IVA.

Como es poco lo que se destina al pago de capital y se siguen generando intereses, al pagar sólo el mínimo estás encareciendo lo que compraste. Por eso la recomendación es ser totalero o de perdida pagar el doble del mínimo, lo que reduce dramáticamente el periodo que estarás endeudado.

Y como para muestra basta un botón: imagínate que te compras una televisión. Es un modelo "sencillito", pantalla plana de 16 pulgadas que te cuesta $2 900.

Tú eres un buen tarjetahabiente y tienes una tasa de interés de 25%. Decides pagar sólo el mínimo de esa compra, que son $250.

Al final tu sencillita televisión te va a costar $4 701. ¡Eso te alcanzaría para el *home theatre*! Y además te tardarías un año y siete meses en pagarlas.

Si en lugar de $250, le aumentas a $500, el costo total sería $3 605 y pagarías en cinco meses ¡qué diferencia!

Precio de contado	Precio a crédito, cubriendo sólo el pago mínimo de la tarjeta	Precio a crédito, cubriendo el doble del pago mínimo de la tarjeta
$2 900	$4 701	$3 605
Fuente: Simulador de tarjeta de crédito de la Condusef.		

A final de cuentas el crédito es un negocio y estas son las reglas del juego, que por cierto aceptamos cuando firmamos el contrato de nuestra tarjeta (por eso hay que leerlos).

Financiarnos es una elección personal, no es ni bueno ni malo. Dependerá de la administración, necesidades de cada quien, incluso la conveniencia de la compra. Siempre hay que estar conscientes de cuánto nos va a costar y analizar si entra en nuestra capacidad de pago. En ocasiones es mejor aplazar ese gasto o simplemente meterle más a nuestro plástico para evitar dolores de cabeza.

¿Meses sin intereses? No te aloques

Alguna vez cuando platicaba con mi amiga "D" sobre tarjetas de crédito, ella me dijo: "Yo ya casi no la uso, sólo para aprovechar ofertas de meses sin intereses y algunos pagos".

Aunque podría parecer una frase de una buena compradora, en realidad es lo contrario. "D" hacía excursiones a tiendas departamentales para cazar estas promociones, su tarjeta estaba hasta el tope y ya no le alcanzaba para liquidar el pago mínimo entre tantos cargos de meses sin intereses. La mayoría de sus maravillosas compras ni siquiera las había pensado hacer pero como estaban "de oferta"…

En resumen, el beneficio se transformó en pesadilla. En lugar de usarlo para diferir las compras de bienes duraderos sin intereses, al exagerar se estaba ahorcando con deudas.

Para que no te pase lo que a "D", hay algunas reglas que debes seguir al usar "meses sin intereses":

1. Haz una lista de los bienes importantes que quieres comprar o reponer y únicamente atente a éstos cuando hagas compras a meses sin intereses. Para éstos sí "aprovecha las promociones".

2. Úsalas sólo para artículos que tengan una vida útil mayor a los meses en que difieres el pago. No tiene caso comprar un celular a 18 meses sin intereses, porque puede que ya lo hayas cambiado para esa fecha. ¡Qué flojera seguir pagándolo cuando ya está en la basura!

3. Sé muy puntual en los pagos, si no se anula la ventaja de "sin intereses" y empieza a costarte el financiamiento.

4. Échale numeritos antes de firmar. Lo que pagas mes con mes de todos tus créditos, incluyendo el monto de los meses sin intereses, no debe sobrepasar 30% de tus ingresos o te arriesgas a estar en aprietos para saldarlos. Lleva un registro para que no te excedas.

5. Evita este tipo de compras, si sabes que vienen periodos de gastos fuertes como el inicio del ciclo escolar, renovaciones de seguros, un parto, etcétera.

6. Aléjate de las tentaciones: aunque tenemos claro que en cierto periodo no podemos gastar, vamos al centro comercial a "dar la vuelta" y nos acabamos encontrando con una oferta "irresistible".

7. Evalúa el precio. A veces nos dejamos llevar por la fracción que vamos a pagar al mes y ni pensamos en el total.

Si es muy alto el precio final, valora si no te conviene comprar de contado —a veces sí hay "descuento" por pagar así, aunque según ellos sea "meses sin intereses"— o incluso en otro lugar puede estar más barato. También analiza si puede ser una compra que perturbe tu presupuesto anual, por mucho que la fracciones.

La verdad sobre el temido Buró de crédito

En la mente de muchos mexicanos el famoso "Buró de crédito" es una lista negra a donde se van todos los morosos. Eso es ver el vaso medio vacío: en realidad las sociedades de información crediticia —que es el nombre real de estas bases de datos—, son un registro de qué tan bien o qué tan mal hemos pagado los financiamientos que hemos pedido en los últimos seis años. Incluye tanto a empresas como a personas físicas.

Esto quiere decir que no sólo hay "taches", sino también "palomitas" y si has sido puntual en tus pagos esta puede ser justamente la llave para que te otorguen créditos en mejores condiciones.

Obviamente si siempre te retrasas, debes hasta la camisa o simplemente tu historial refleja que te estás acercando a tener más crédito del que puedes pagar; va a estar complicado que te presten más o te va a costar más caro.

En México hay dos sociedades de información crediticia: "Buró de crédito" —que es el nombre comercial de Trans Unión de México S.A. y es la más famosa—, y "Círculo de crédito", otra más enfocada a crédito popular. Ambas intercambian datos y tienen la información de todos los usuarios de crédito.

¿Cómo funcionan?

Cada vez que pides un crédito, la institución o empresa que te va a prestar el dinero consulta tu historial para evaluar si puede dártelo, en qué condiciones y hasta qué monto tienes la capacidad de pagar sin que te metas en problemas. Esto lo deciden de acuerdo con el comportamiento de pago que has tenido anteriormente.

En estas bases de datos está registrado cualquier tipo de crédito o préstamo que hayas solicitado en bancos, cajas de ahorro, sociedades financieras de objeto limitado, tiendas departamentales, los cargos automáticos de servicios, quienes le deben el pago de impuestos a Hacienda, ¡hasta las cuentas del celular! Así que ojo con los retrasos.

A veces suponemos que los registros negativos son únicamente de créditos bancarios pero de hecho, hace dos años, la mitad provenían de entidades no financieras, y los adeudos que más habían crecido eran los de tarjetas departamentales y por servicios de telefonía, según la información del Buró de crédito.

Tú puedes consultar tu historial de crédito una vez al año de forma gratuita vía internet, por teléfono o en las oficinas de las sociedades de información crediticia y las veces subsecuentes con un cargo que depende del medio de envío que elijas.

¿Si tengo un registro negativo cuánto tiempo permanece en el Buró?

Si tienes un incumplimiento permanecerá en tu historial seis años, a menos de que el crédito se encuentre en juicio y en ese caso sólo se borra hasta que se resuelva.

Otras excepciones al "borrón y cuenta nueva" son los adeudos superiores a 400 000 Udis —alrededor de 1.83 millones en 2011—, o que impliquen condenas por delitos patrimoniales como el fraude.

Los incumplimientos de créditos menores a 1,000 Udis —$4590 en 2011—, se eliminan a los 48 meses.

El historial crediticio se actualiza cada mes. Si tuvieras un pago vencido y lo liquidas, esta información se reflejaría al siguiente periodo. Sin embargo, los usuarios pueden solicitar al otorgante que envié la aclaración y en ese caso tardaría únicamente ocho días.

Del mismo modo, si aparecieras como moroso en el historial sin serlo, puedes presentar una reclamación y el otorgante del crédito está obligado a presentar los documentos probatorios o a borrarlo.

Las reclamaciones se pueden presentar por escrito vía correo, fax, correo electrónico o personalmente en la unidad especializada de atención de la Sociedad de Información Crediticia.

El score de crédito

En México no se conoce mucho pero hay un producto de "segunda generación" del historial crediticio, que se llama score de crédito.

Este registro además de mostrar si has cumplido puntualmente o no, te da un puntaje —de ahí el nombre— de qué tan bien lo has hecho.

Con este número los bancos no sólo verán si te retrasas en tus pagos o no —no deberías demorarte, pero no es lo mismo dos días que tres años—, sino con cuánta frecuencia y cuánto tiempo te pasas, cuántos créditos tienes actualmente... y todos los factores que puedan mostrar tu patrón de uso del crédito.

En Estados Unidos es muy común, la mayoría de los usuarios conocen su score y todos los bancos, cajas de ahorro e instituciones de crédito en general los utilizan para fijar las condiciones de los créditos de acuerdo con el riesgo que cada cliente potencial represente. Dependiendo de tu puntaje puedes aplicar al crédito A, B o C.

Uno de los aspectos en los que más incide es en el precio y hay que estar pilas, porque unos cuantos puntos más o menos en la tasa, a la larga pueden representar cientos o miles de pesos de diferencia.

Puede que aún ahora no escuches mucho de este score, pero seguramente en pocos años será lo más común del mundo, así que hay que aplicarse.

Cómo sacarle *brillo* a tu historial crediticio

Hay diversos factores que se reflejan en tu historial y que pueden determinar la calidad del crédito que puedas conseguir. Los principales para mantenerlo limpiecito son:

Pagar siempre a tiempo. Incluso los retrasos de uno o dos días cuentan en el registro y más si son frecuentes.

No sobreendeudarse. Es mala señal utilizar más de la mitad de las líneas de crédito que tienes disponibles. Si tu tarjeta está saturada, puede que te convenga tener una segunda para dividir tus gastos y manejar mejor tus adeudos. Advertencia: esto es para una mejor planeación, no para que aumentes tus compras a crédito.

No forzar tu capacidad de pago. El monto mensual de todos los adeudos no debe superar 40% del ingreso del usuario, de lo contrario estarás ahorcado y empezarán los problemas para pagar.

Estabilidad. Cambiar constantemente de domicilio y de trabajo resta puntos.

Ser selectivo en las solicitudes de crédito. Si buscas crédito en muchas instituciones todas ellas van a consultar tu historial y esto se registra en el buró. Podrías dar la impresión de que necesitas un financiamiento con urgencia y tal vez no lo puedas pagar, aumentando las posibilidades de una respuesta negativa.

Pagar o no pagar esa deuda gigantesca

Extralimitarse en las deudas puede frenar muchos planes: maestrías, casorios, viajes... la lista podría ser interminable.

De la misma manera, nadie nos obliga a contraerlas, por lo que si las tenemos, hay que pagarlas.

Lo que sí entiendo bien es que a veces dejar de pagar puede no ser un asunto de voluntad: hay quienes tenían un buen salario y algunas deudillas manejables con tarjeta, pero se quedaron sin chamba, no pudieron seguir pagando y por el efecto de los intereses (que crecen mucho cuando no se paga ni el mínimo), llegaron al punto de que cuando recuperaron ingresos estables casi todo se les iba en pagar la tarjeta o no alcanzaban ni a cubrir el pago mínimo y dicen: "¡Mejor que me manden al buró!"

Obviamente no está padre trabajar sólo para pagar la tarjeta, pero hay dos temas ahí: primero no se avoracen con la tarjeta, compren lo más que puedan de contado, y segundo, hay que buscar la manera de que la deuda no crezca.

Algunos piensan que al dejar de pagar, el banco llegará con una propuesta mágica que diga: paga la mitad y ya está. En caso de que eso sucediera, seguramente esa mitad seguiría siendo una lanota por todo lo que dejamos crecer la deuda y la verdad tampoco es probable. La mejor alternativa es evitar que pase.

Claro, pero ¿cómo? La respuesta es negociando con el banco y cambiando la deuda de instrumento.

Las tarjetas tienen una tasa variable, es decir sube o baja dependiendo de las condiciones del mercado y la economía, qué tan pagador es el cliente y el tamaño de su adeudo. Si una de estas tres cosas anda medio mal, lo que se encarece es el costo que te cobran por prestarte la lana que usaste (es decir, los intereses).

Cuando de plano ves que no vas a poder seguir con los pagos o que sólo puedes abonar el mínimo, lo mejor es no endeudarte más. Guarda tu plástico, habla con el banco y pide un plan de pagos o un crédito a tasa fija, como puede ser un crédito de nómina o personal, para cubrir el adeudo de la tarjeta.

Normalmente las tasas son muy diferentes (30-45% contra unas de 25% a más de 50% de las tarjetas) y tienes la gran ventaja de que ya sabes cuánto vas a pagar y la deuda ya no crece.

Si tu banco no te pela, puedes ir a otro que sí este interesado en darte un crédito, absorber el adeudo total y que le pagues a él. Esto es obviamente más fácil si aún no has dejado de pagar.

Cualquiera puede tener broncas de pago, pero el chiste no es cerrar los ojos y cruzar los dedos para que no nos demanden. Además es un asunto de salud mental y financiera. Estar en el buró de crédito con registros negativos implica no poder solicitar otros financiamientos como un crédito hipotecario o alguno para una emergencia. Mejor prevenir que pagar mucho más.

Tus derechos como moroso: deber no es un crimen... pero tampoco la mejor idea

Hasta hace pocos años nadie controlaba a las agencias de cobranza. Sí, a esos amabilísimos señores que hablaban a tu casa en sábado a las siete de la mañana y amenazaban con meter al bote hasta a tu abuelita si no pagabas el cuentón de la tarjeta.

Esto teóricamente debería ser completamente cosa del pasado, pues hace un par de años la Condusef firmó un convenio de colaboración y un código de ética con la Asociación de Profesionales en Cobranza y Servicios Jurídicos (APCOB), que debe regirlos al hablar con los morosos.

¿Qué dice?

✓ Los agentes de cobranza deben identificarse al realizar una llamada y evitar usar lenguaje obsceno o palabras altisonantes, "pues las llamadas deberán hacerse para negociar el pago de deudas y no para molestar o amenazar".

✓ Tampoco podrán engañar a los deudores asegurándoles que de no saldar su deuda serán privados de su libertad, pues en México nadie puede ser encarcelado por deudas de carácter civil —si son resultado de un fraude, es otro boleto.

✓ No podrán afirmar que el moroso tiene una demanda o notificaciones judiciales, o incluso que se ha iniciado un juicio en su contra, si dichos señalamientos no son ciertos.

✓ Está prohibido que utilicen formas o papelería que simulen instrumentos legales —¡qué creativos nos salieron!.

Incumplir puede significar desde que los cobradores sean amonestados por la Comisión de Honor y Justicia de la APCOB hasta la expulsión del gremio. Igual las sanciones suenan un poco a los *boy scouts*, pero al menos ya hay lineamientos que los controlen. Con este código de ética sin importar si debes ocho mil millones de dólares, te tienen que hablar decentemente.

Algo que no pertenece a este convenio pero viene al caso, es que si el otorgante vendió su cartera de créditos a otra empresa debe informárselo al acreditado. Debe también asignarle a su contrato un número con el que sea identificable el financiamiento otorgado, por si requiere hacer aclaraciones, de acuerdo con la Ley de Sociedades de Información Crediticia. Esto con la finalidad de que no se les "caiga el sistema" con los que ya pagaron.

Cómo salir de deudas

Cambiar tus hábitos de gasto, la prioridad número uno

La mayoría de la gente que está metida en broncas por deudas te mira con incredulidad cuando le dices que el paso número uno es guardar la tarjeta y dejar de gastar, al menos hasta nuevo aviso. Parece como si les hablaras en cantonés con sus siete tonos, cuando en realidad es lo primero que se debe hacer.

Claramente no te metiste por arte de magia en este problema, sino por los hábitos que has tenido durante meses o años (en la mayoría de los casos), que urge que modifiques. Si no, hagas lo que hagas, siempre estarás en las mismas.

Como las deudas no se acumularon por generación espontánea, es muy importante que seas honesto contigo y revises dónde están tus lados flacos y cuáles de las cosas que compras están fuera de tus posibilidades.

A nadie nos gusta que nos limiten —tampoco lo hacemos nosotros mismos— pero en algunos casos hay que aceptar que no somos Carlos Slim o Warren Buffett si queremos salir de los números rojos.

✓ Empieza por escribir lo que sabes que te ha desequili-
brado económicamente.

✓ Revisa los estados de cuenta.

✓ Mira a tu alrededor: electrónicos, ropa, un intenso y
caro calendario social, un carro que no corresponde
a tu sueldo sino al del jefe de tu jefe... todos éstos no se
pagaron solos.

✓ Haz una lista de qué es lo más sencillo de modificar. En
este punto sería recomendable que regreses al Capítulo 1 por algunas ideas de ahorro y al Capítulo 3, para
hacer un nuevo presupuesto.

Cambiar tus hábitos de gastos es tan importante como pagar la deuda. Es lo que te permitirá liberar recursos para li-
quidarla y evitará que vuelvas a caer en el mismo problema.
Todo lo demás es un curita para una hemorragia.

¿Qué pago primero?

La más conocida de las estrategias para acabar con las deudas, especialmente si son de tarjeta de crédito o cualquier
financiamiento a tasa variable, es la "bola de nieve". El título
se le atribuye a Dave Ramsey, pero sin este nombre o rebau-
tizada es la misma estrategia que recomienda cualquier especialista en finanzas personales.

¿En qué consiste?

1. Después de haber revisado qué hábitos cambiarás, dónde puedes ahorrar y cómo modificar tus gastos, determina
qué monto mensual puedes destinar para el pago de tus
deudas.

> **Escríbelo**
>
> Mensualidad por deudas _____

La cantidad idealmente debería sobrepasar por un margen razonable al pago mínimo de tus tarjetas o mensualidad de los créditos. Si no llegas ni a eso, urge negociar con el banco para frenar el crecimiento de algunos de los adeudos. Más adelante verás algunas estrategias.

2. Pon en fila todas tus deudas desde la que tiene la tasa más alta a la más baja, o de la del monto más grande a la más pequeña.

> **Más cara**
>
> Deuda 1 _____ costo mensual _____
>
> Deuda 2 _____ costo mensual _____
>
> Deuda 3 _____ costo mensual _____
>
> Deuda 4 _____ costo mensual _____
>
> **Más barata**

3. Paga al menos el mínimo de cada tarjeta o la mensualidad de cada deuda, pero enfócate a la primera en tu lista. Destina lo más que puedas a ésta.

4. Una vez que liquides la primera deuda, sigue abonando el mismo monto mensual que escribiste en el punto 1.

Lo que pagabas por esa deuda debe ir a la siguiente deuda en importancia. Cuando acabes esa, lo mandas a la que sigue, hasta que termines de pagarlas todas.

¿Por qué funciona? Porque vas priorizando por costo de la deuda y cada vez que terminas con una deuda, la proporción que pagas de la siguiente aumenta. Con esto ya no sólo abonas la parte correspondiente a intereses, sino empiezas a darle duro al capital (lo que firmaste originalmente). En el total, como te quedaste menos tiempo con las más caras también es más barato.

Se llama bola de nieve justamente porque al principio los pagos pueden ser más lentos, pero a medida que sigues abonando y terminas con nuevas deudas, el pago "agarra vuelo" y acabas mucho más rápido que si quisieras saldarlas todas al mismo tiempo.

El único inconveniente de esta técnica es que al principio puede parecer muy tardada, justo porque tiene lo más caro y grande. Esa es la parte más difícil. A algunos les cuesta mantener la motivación los primeros meses, porque no se le ve fin a la deuda.

Ésta es la razón por la que algunos autores, entre ellos el mismo Ramsey, recomiendan empezar con la más pequeña. Si ese es tu caso, como el chiste es que no te desanimes y sigas avanzando, en lugar de escoger las más caras o las más grandes, puedes formarlas al revés y comenzar justamente por las más bajas.

Puede que te tardes más —también podría ser un poco más caro— pero si ir "tachándolas" con mayor agilidad es lo que necesitas para no claudicar: ¡hazlo!

Más barata

Deuditita_____ costo mensual _____

Deudita _____ costo mensual _____

Deuda _____ costo mensual _____

Deudota_____ costo mensual _____

Más cara

Negocia con el banco, ¡no muerde!

Normalmente esperamos hasta que ya tenemos el agua al cuello para negociar con el banco. Si fuéramos directo a la sucursal cuando empezamos a tener problemas para pagar, nos ahorraríamos mucho dinero, angustias y llamadas incómodas.

Muchos suponen que al llegar al banco les van a querer cobrar todo de un jalón, complicar las cosas o que simplemente perderán el tiempo, cuando puede ser justo lo contrario. Finalmente el banco lo que quiere es que le pagues, no hacerte la vida imposible. Tenlo en mente.

También es cierto que la actitud de los bancos pos-crisis es muy diferente a como solían ser. Casi no estaban acostumbrados a las reestructuras mismas que, desgraciadamente, con el relajito del 2007-2009 se volvieron cosa de todos los días.

Incluso hubo un periodo en el que la Condusef era la mediadora entre bancos y deudores —a algunos no les hacían mucho caso— pero el proceso se volvió más ágil y ya no era necesario.

Como más vale prevenir que llenarse de créditos incobrables, ahora las reestructuras se pueden tramitar incluso antes de que el cliente caiga en mora.

Otro beneficio de negociar antes del impago es que en caso de que la propuesta de tu banco no te convenga, puedes acudir a otros que puedan estar interesados en que transfieras tu crédito con ellos en mejores condiciones.

La negociación puede variar dependiendo de la magnitud del adeudo, incluso del tipo de crédito. No es lo mismo deber $300 000 en una tarjeta donde no hay nada que respalde, que una de una casa, donde el bien pudo haber subido de valor y algo se puede recuperar.

En el caso específico de créditos hipotecarios, la institución que los otorga puede iniciar un juicio si el acreditado debe más de tres mensualidades.

Unos cuantos consejos y recordatorios:

✓ Deber no es delito y en México nadie puede ser encarcelado por este motivo. No creas en las intimidaciones de este tipo.

✓ Los morosos tienen derechos y debes exigir ser tratado con respeto.

✓ Si dejaste o vas a dejar de pagar por desempleo, verifica si tu crédito te protege contra esta eventualidad.

✓ No firmes nada hasta que no entiendas completamente los términos e implicaciones de la negociación.

✓ Solicita comprobantes escritos de cualquier negociación, incluso si es por vía telefónica.

✓ Determina de una manera realista cuánto puedes pagar mensualmente para no volver a caer en mora.

✓ La falta de pago te da registros negativos en el historial crediticio que afectarán tus posibilidades de financiamiento en el futuro.

✓ ¿Qué puedo obtener? Ya quedamos que es un sueño de opio pensar que al llegar al banco te van a ofrecer que pagues sólo la mitad. Las expectativas razonables al negociar son:

- Un mayor plazo para pagar y con esto las mensualidades se vuelven más accesibles.
- Que pasen tu deuda a un esquema de pago fijo dónde ya no se generan intereses y, por tanto, tienes la certeza de cuánto y cuándo vas a pagar.
- Que te ofrezcan un nuevo crédito que englobe todos tus adeudos pero a una mejor tasa.
- En casos de deudas extremas, la condición para el plan de pagos puede ser que la tarjeta quede congelada hasta que termines de pagar. Viéndolo objetivamente puede que no sea tan mala idea, porque puede frenar tu compritis aguditis.

> • Que apliquen "quitas", es decir reducciones, del adeu-
> do total (la masa enorme que se generó de lo que fir-
> maste más los intereses).

Ojo: las reestructuras simples no son una marca negativa en tu historial, si las "quitas" sí. Es una mala señal para otros otorgantes de crédito porque implica que además de que te atrasaste en tus pagos, lo que debías al final ya no lo pagaste completamente.

Segunda advertencia: suena a necedad, pero es importante que veas esto como un último recurso y que no te ilusiones con que la quita será casi borrón y cuenta nueva. No es tan grande el descuento tampoco.

Roxana, otra *blogger*, decía: "Yo sólo estoy esperando a que el banco me diga págame la mitad y ahí quedamos". Lo más seguro es que tendrá que esperar sentada.

Los bienes de verdad son para los males

En ocasiones el tamaño del problema amerita soluciones más drásticas. Si ya ajustaste todo lo que pudiste y aún así no hay forma de generar flujos de efectivo suficientes para darle un bajón significativo a tus deudas —sobre todo si están en tasa variable y siguen creciendo— como dicen las abuelas: los bienes son para los males.

Nos aferramos mucho a las cosas que hemos ido acumulando a lo largo de la vida o incluso a esas que son el origen de que las deudas nos den insomnio. Al venderlos podríamos dormir tranquilos, pues nos generarían más recursos para pagar o incluso librarnos del problema de tajo.

Puede que ahora debas prescindir de ese automóvil y cambiarlo por algo más chico o incluso hacerte a la idea de

125

usar otros medios de transporte por unos meses, pero eso no implica que una vez que estés "a mano" no puedas buscar formas de financiamiento más equilibradas y realistas para tenerlos de nueva cuenta.

Los automóviles y las casas son de las cosas a las que la gente más se aferra porque creen que es parte de quienes son o les dan estatus, pero la verdad es que todos podemos adaptarnos a prescindir de algo y esto a veces puede incluso mejorar nuestra calidad de vida.

En un viaje a China en julio del 2010 escuché cientos de historias sobre personas que destinaban dos meses de su sueldo a artículos de lujo como bolsas de diseñadores y luego tenían prácticamente que matarse de hambre, incluso cambiar su medio de transporte de taxi a autobús y metro —que si en la ciudad de México nos da claustrofobia, en un país de 1.3 billones nos dicen quítense que ahí les voy— para así pagarlos, ¿te suena razonable y cómodo? A mí no se me antoja pero ni tantito.

No hace falta irnos al otro lado del mundo. Mi papá tiene un amigo, don Poncho, que tiene una esposa necia que dice que sólo sobre su cadáver venderán la casa de Tecamachalco.

¡Yo me sigo preguntando si no le convendría más ser viudo! Los dos tienen más de 70 años y él sigue trabajando al ritmo de sus 35. El mantenimiento de la casa cuesta una fortuna, entre el jardín, la limpieza de los dos pisos, la impermeabilización, hacer reparaciones constantes a la fachada y pagar la cuota de seguridad.

Al mismo tiempo, el inmueble vale millones. Les permitiría cambiarse a un buen departamento, adecuado para dos personas mayores y encima les daría un retiro con crucero anual a las islas griegas.

Pero con todo, la señora prefiere quedarse encerrada sola en su casota, que disfrutar de las carretillas de dinero que le podrían sacar si la vendieran.

¿Vale la pena tanto sacrificio para conservar algo que nos da más dolores de cabeza que placeres? Yo creo que va siendo hora de convertir en efectivo nuestros "activos fijos".

Y más aquellos que se devalúan con el tiempo, como los automóviles o los electrónicos.

Empieza por hacer una listita y busca cuál es el valor de mercado de lo que puedes vender. Te puedes dar una idea con amigos especialistas en esos artículos —nunca falta el conocido que se dedica a bienes raíces o venta de coches usados—, en anuncios de periódico, revistas de segunda mano, incluso en páginas de internet.

Claramente como nosotros le tenemos cariño a nuestras cosas, puede que pensemos que valgan más de lo que en realidad los compradores están dispuestos a pagar. Hay que analizar cuándo hay que ser flexibles y cuándo realmente tenemos razón.

Esto es algo que debe hacerse con el mayor tiempo posible. Entre más prisa tengas, hay mayores posibilidades de que malbarates tus pertenencias. Si sabes que eventualmente vas a tener que hacerlo, empieza a moverte ya.

La hipoteca reversible: úsese sólo si ya escarmentó

Si de soluciones extremas hablamos, hay una sencilla de tramitar que nos da una suma considerable para liquidar los adeudos de una sola vez, pero que también puede ser un riesgo para nuestro patrimonio y hasta para nuestra familia si es que no hemos aprendido la lección. Se trata de la hipoteca reversible.

Si tienes casa propia libre de gravamen, puedes utilizarla como garantía para conseguir un financiamiento más barato, a tasa fija y en mejores condiciones que tus deudas actuales para saldarlas.

Básicamente es "sacarle dinero" a tu casa con el que puedes pagar, al "chaz" todas las deudas juntas y quedarte sólo con este crédito. Lo máximo que te prestan es 60% del valor del inmueble y el plazo para pagar es de cinco a 15 años.

La tasa de interés que te cobran es cercana a la que esté vigente en el resto de los hipotecarios del mercado. En 2010 era de alrededor de 14%, que es bastante más conveniente que una de 40 o 50%, que era en promedio la que pagan las familias endeudadas.

¿Qué es lo indispensable para considerar esta opción? Que realmente hayas cambiado tus hábitos de gasto. Si no, el riesgo es que tus deudas vuelvan a crecer, dejes de pagar este crédito, incluso pierdas tu casa.

Por eso, antes de recurrir a este crédito debes agotar el resto de las posibilidades, aprender a controlar tus gastos y vivir dentro de tus medios por un periodo razonable, para que estés completamente seguro de que no te meterás en un problema mayor.

Bonus: las deudas de tarjeta te las llevas a la tumba

Cuando una persona muere hay diferentes preocupaciones financieras pero hay una en especial que aqueja a las familias, cuando en muchos casos también pasó a mejor vida con el difunto: las deudas de tarjetas de crédito y en algunos casos de los créditos hipotecarios.

Muchos de estos productos tienen un seguro de vida para el titular con una determinada suma asegurada, así que a la muerte del deudor, puede quedar cubierto el saldo pendiente. Esta información viene en el contrato de adhesión de cada producto de crédito. Es importante revisarlo para saber si aplica y hasta qué monto.

Casi nadie lo conoce y por eso luego todos los hijos andan haciendo coperachas innecesarias o hasta se pelean para ver cómo pagan las deudas del difunto patriarca o la fallecida matriarca.

Ese fue el caso de uno de mis tíos, que lamentablemente perdió a su padre en 2009 y después del funeral estaban organizando cómo liquidar la suma que había dejado pendiente el señor. Cuando ya estaban a punto de saldarla en el banco, se enteraron de esta opción y al menos entre todo el pesar que tenían se quitaron un peso —bueno, más bien miles— de encima.

Este beneficio no es automático. Hay que dar aviso del fallecimiento al banco emisor en un plazo máximo de 180 días, contando desde el deceso y presentar el acta de defunción, la identificación del difunto y el último estado de cuenta para hacerlo valer.

El problema que puede surgir en estos casos es que la tarjeta se cancele con las adicionales —ya no hay adeudo pero tampoco línea de crédito—, por lo que es importante que cada cónyuge y los hijos mayores tengan una por su cuenta.

No te preocupes, ocúpate

Siempre hay una manera de salir de deudas y de la angustiante situación que conllevan. Entre más temprano ataques el problema, más barato será y menos te tardarás en salir de él.

Y lo más importante: analiza cómo te metiste en esta bronca, aprende de tus errores y busca soluciones de raíz. Tapar un hueco con otro sólo hará que al final tengas un mega boquete.

Capítulo 6

Inversiones

Capítulo 8

No seas la bella durmiente del banco: por qué no es suficiente ahorrar

No es por descorazonarte, pero aunque ahorrar es un gran logro, si te quedas ahí, nomás hiciste la mitad de la tarea.

Si ya "limpiaste la casa" en tus finanzas, te organizaste y lograste ahorrar, lo mínimo que debes hacer es que trabaje al máximo ese dinero que conseguiste sacarle a tu presupuesto recortándole a los gustitos. A eso es a lo que le llamamos "invertir". Es el paso siguiente al ahorro y es poner el dinero a trabajar para ti.

¿Qué hay de malo en sólo ahorrar en el colchón? Nada, fuera de que estás perdiendo dinero. Sí, leíste bien: **P-E-R-D-I-E-N-D-O** dinero. Para ejemplificar, nada mejor que un cuento… que no es cuento:

Había una vez una princesita que trabajaba como maestra de inglés en una primaria cuando salió de la prepa (sí, con batita hasta los tobillos azul marino y todo).

Ella soñaba con irse de mochilazo con otras princesas de reinos vecinos. Ahorró, ahorró y ahorró hasta que su tarjeta de débito de nómina en un año se llenó (con $19 800 porque el papi de la princesa le iba a pagar el boleto de avión, y seguro los tíos y tías de la realeza se iban a mochar con *unos euritos).*

La princesa se largó 40 días a Europa y vivió CASI feliz para siempre... hasta que comprendió que si hubiera sido más lista con sus ahorros, habría comido menos en McMugres y hubiera comprado más zapatitos —que casi ni les gustan a las princesas— habría dormido en mejores hostales o le hubiera alcanzado para unos días más de viaje...

A decir verdad, si la princesa —o sea yo, cuando tenía 19 años— hubiera sido menos zonza, hubiera invertido ese dinero en un fondo o en su afore, en lugar de dejarlo literalmente "durmiendo" en la tarjeta, donde le daban 2% de interés al año (que en realidad es -1%, descontando la inflación).

La princesa ganó en total $20 000 como salario, pero entre comisiones, la pérdida de valor y los bajísimos rendimientos, se convirtieron en $19 800. Básicamente perdió $200, cuando pudo haber ganando $1 400, con las tasas de 8% de ese entonces.

Igual no suena a mucho dinero, pero casi 100 euritos más, definitivamente hubieran sido un paro.

El error de la princesa es el más BÁSICO de todos los que empiezan a trabajar y no son ITAM-itas o financieros en general: a veces están ahorrando para algo que comprarán o gastarán en más de seis meses —periodo suficiente para meterlo en un fondo de inversión o ya de perdis en un pagaré—, y lo tienen en la tarjeta de nómina, que no les da nada.

Además de que la princesa le regaló harto dinero al banco —que le dio vuelta a su lana todito ese año y ellos sí tuvieron ganancias—, si el cuento hubiera sido de terror, un villano le podría haber robado su tarjeta de nómina, la pudo haber vaciado y ¡adiós viaje!… o por lo menos una tremenda odisea para recuperar el dinero.

No dejes que tus ahorros sean los bellos durmientes del banco... a menos de que parte de tu emoción de irte de mochilazo sea andar como cenicienta antes de conocer al hada madrina.

Para todo hay...

La mayoría de la gente acumula, pero hasta ahí. La idea es que estos recursos se multipliquen.

¿Cuál es el principio de las inversiones? En finanzas las ganancias vienen del potencial que tiene cada peso de generar más dinero.

Imagínate que una empresa quiere comprar una nueva máquina para aumentar 20% su producción. Si tú les prestas dinero estás contribuyendo a que ellos puedan hacer más productos, vendan más y ganen más. Lo lógico es que te paguen el monto que les diste como crédito más un premio, que viene justamente de ese "extra" que ellos logran hacer gracias a tu dinero.

Los instrumentos bancarios funcionan igual: tú depositas el dinero en una cuenta de ahorro o un producto de inversión, ellos lo utilizan para darle crédito a otras personas —ya sea vía una tarjeta de crédito, un crédito personal o un hipotecario— les cobran intereses y comisiones, y de ahí sacan el rendimiento que te pagan.

Las inversiones pueden abarcar productos financieros, franquicias, negocios propios o en los que entramos como socios capitalistas, compra de bienes inmuebles, incluso seguros dotales —seguro de vida con un componente de ahorro o para un fin específico como la educación. Qué elegir depende de tu situación, qué quieres lograr, incluso, el tiempo que puedas dedicarle.

Tus metas, lo más importante que debes saber para invertir

Escena clásica: llega el "H" asesor de fondos, al cual llamaste después de haberte hecho bolas con cinco o seis compañías, el de la institución que te recomendó tu cuate o simplemente el que elegiste de tin-marín.

El trajeado sujeto empieza a expulsar a cien kilómetros por hora palabras como "renta variable", "fondo de cobertura", "interés compuesto", "rendimiento histórico", y una de tres: o terminas mareado y le das la lana, tras persignarte para que todo salga bien; te zambute un fondo que era como la promoción del mes y al final del año no sabes si ganaste o perdiste, o de plano sales huyendo.

Ese es el camino difícil, pero el más fácil es hacer las cosas a TU modo: dile para qué quieres el dinero, cuándo piensas utilizar cada cantidad y qué tanto puedes arriesgar ese dinero, porque en realidad son los únicos factores que importan para decidir qué instrumentos son los adecuados para ti.

¿Por qué? Cada instrumento tiene un nivel de riesgo diferente y está hecho para un plazo determinado. Si realmente quieres sacarle jugo a tus inversiones y evitarte sorpresitas desagradables al momento de retirarlo, debes pensar más en cuándo vas a usarlo que en el instrumento, llámese bolsa, fondo de deuda, divisas…

Esto aplica también para inversiones que no son en instrumentos sino, por ejemplo, en un negocio: ¿el dinero que le piensas meter va a generar intereses para cuando los necesites o lo usarás cuando apenas esté arrancando? En el segundo caso, como el primer año de cualquier empresa jala más recursos que los que genera, no podrías entrarle porque no va con tus metas.

En términos generales puedes catalogar las metas o necesidades en corto —de hoy a seis meses—, mediano —seis meses a un año— y largo plazo —de un año hasta la eternidad. Entre más pronto vayas a usar el dinero, menos riesgo debe tener tu elección de inversión.

Los instrumentos tienen cuatro variables que te deben importar:

✓ Liquidez. Cada cuánto tiempo puedes disponer de tu dinero y qué penalizaciones pagas si necesitas sacarlo antes. Esto también aplica para qué tan rápido podrías vender un bien (ejemplo, un centenario), sin que fuera castigado su precio.

✓ Horizonte. Cuál es el periodo ideal que tu dinero debe estar invertido para que genere rendimientos óptimos de acuerdo con el nivel de riesgo que asumes.

✓ Rendimiento. Cuánto dio en el pasado, que no es una garantía de lo que pasará en el futuro, pero te da una idea.

✓ Riesgo. Cuál es la posibilidad de que algo salga mal y si así fuera, necesitas saber cuánto puedes perder.

Digamos que tienes $10 000 y que en seis meses vas a comprar un boleto de avión que cuesta $5 000, quieres dejar $3 000 para emergencias y $2 000 no los utilizarás por lo menos en los próximos dos años. Puedes invertir en corto, mediano y largo plazo.

Para los $3 000 necesitas un instrumento de liquidez diaria, y entonces lo más lógico es que te ofrezcan un fondo de deuda que da entre 3% y 4% de rendimiento anual, que no es nada para escribir a casa, pero es el costo de tener el dinero disponible para cualquier eventualidad.

Para los $5 000 necesitas algo seguro donde puedas disponer en seis meses sin que haya cambios. Puede ser un fondo de mediano plazo que dé hasta 6 por ciento.

Como los $2 000 no los usarás en este momento, puedes meterlos a un fondo de mediano a largo plazo, por ejemplo uno que invierta en Bolsa, que pueden dar en promedio 30% anual, aunque hay de años a años. En 2008 la Bolsa cayó aproximadamente -24.23% y en 2009 ganó 43.52 por ciento.

Puede sonar complicado, pero todo se reduce a tener claras las metas financieras que tienes y respetar los tiempos de inversión de cada instrumento. Cuéntale eso a tu asesor y él podrá traducirlo al fondo adecuado, en vez de perder el tiempo con tecnicismos. Más adelante puedes leer y aprender sobre el tema, pero de entrada lo más importantes es conocer la temporalidad de tus planes.

¡Deja de ningunear tu dinero! *El primer paso para obtener buenos rendimientos*

Si hay algo que me sorprende es ¡cómo nos da por "ningunear" nuestro dinero! Me han llegado muchas consultas donde las personas preguntan qué hacer con sus "centavitos", acompañando la duda con frases como: "Yo sé que no es mucho, pero a ver qué opciones hay" o: Es un pequeño capital pero…"

Entre los casos que más recuerdo, los "mugres pesitos" eran $400 000 pesotes, en otra ocasión $300 000 y uno más $30 000. Evidentemente se trataba de todo menos de cantidades modestas: el equivalente a un tercio de un muy buen departamento en los dos primeros casos y el enganche de un coche en el tercero. Viéndolo así ya no es "tan poquito", ¿o sí?

Independientemente de los varios ceros de las consultas, el tema es que todo el dinero es valioso y la bronca de "poquitearlo" es que entonces dejas de exigir que te den más por él.

Un ejemplo rápido y simple: los bancos nuevos tienen pagarés desde $1 000 con tasas de 7% si lo dejas un año, eso es más de lo que los Cetes están dando, así que claramente $1 000 valen.

Otro más: las afores aceptan inversiones sin monto mínimo (aunque ir a depositar 1 peso a la ventanilla sería raro, se puede) y su rendimiento histórico nominal desde que empezó el sistema es más o menos 7 por ciento.

Al pensar: "Es poco", pueden pasar dos cosas: que te auto-catalogues como cliente de segunda y te conformes con el mugriento rendimiento que te den en productos patito, o que simplemente no le dediques el tiempo suficiente para encontrar la mejor opción, porque al fin y al cabo no es mucho dinero (según tú).

Esto no sólo aplica para inversiones, si eres un buen pagador, ¿por qué tienes la tarjeta de crédito con la tasa más cara? ¿Por qué estás pagando por tu crédito hipotecario más que tu vecino? ¿Por qué compraste la mismita tele de pantalla plana que tu cuñado pero por 15% más? Por ningunear tu dinero.

¿Qué pasa cuando valoramos nuestro dinero? Pues simplemente no lo tiramos a la basura, ni dejamos que sea otro quien lo aproveche en lugar de nosotros.

Más allá de que existen opciones más competitivas que otras para invertir, lo importante es quitarnos esa mentalidad de cliente conformista.

El tiempo sí es dinero

Como diría una abuelita capitalista: "No dejes para mañana lo que puedas invertir hoy", porque cualquier financiero te dirá que un peso invertido hoy vale más a que te den uno mañana.

¿Por qué? Hay un concepto que se llama "valor presente", este implica que un peso invertido hoy vale más que un peso que nos pudieran dar en el futuro.

Piénsalo, ¿prefieres que te dé tu lana hoy o mañana? Seguramente hoy, ¿no? Pues acá es lo mismo, por dos razones. La primera es que si tienes un peso hoy y lo inviertes hoy, puedes empezar a ganar dinero con él. Mañana lo que obtendrías de rendimiento sería una centésima o milésima menor.

La segunda razón es la famosa inflación, como los precios tienden naturalmente a subir, con un peso de hoy podrías comprar más que con uno de mañana, porque lo que ibas a adquirir puede subir.

Valor presente de $100 pesos si los recibieras...

Hoy	En un año	En dos años	En cinco años

El valor presente aplica para cualquier tipo de proyectos donde vayas a meter lana —inversiones financieras, en empresas, préstamos a parientes encajosos— y siempre se debe comparar contra cuánto podrías ganar en alternativas más seguras o con menor esfuerzo... es decir si rascándome la panza puedo ganar más, esta alternativa que me ofreces no me interesa.

Digamos que te dicen que le entres a un negocito y que ellos te dan $110 al final del año, ¿pero cuál es el valor presente de esos $110 que recibirías en doce meses? ¿Cuánto deberías prestarles?

Depende contra qué lo puedas comparar. Si por ejemplo en un buen pagaré te ofrecen una tasa de interés de 6% anual y es lo mejorcito que conseguirías para invertir tu dinero con un menor riesgo, entonces lo MÁXIMO que deberías pagar por esos $110 son $104.60. Si pagas más, mejor vete al banco.

Este valor siempre se utiliza para comparar alternativas. Buscas algo que tenga un nivel similar de riesgo, verifica cuánto te pagaría cada opción y decide la alternativa que más te convenga.

Igual hace el director financiero de Slim: "¿El valor presente de la ganancia que voy a obtener con ese proyecto de expansión es mayor que la lana que le tengo que meter hoy? Ah, pues voy... si no, ni me molesto".

El valor presente se calcula con una formulilla fumada:

$$VP = \frac{\text{Monto que vas a recibir}}{(1 + \text{la tasa})^N}$$

La verdad es más apantalladora que nada, porque sólo son divisiones y multiplicaciones (bueno, y una potencia). "N" se sustituye por el número de periodos que el dinero va a estar invertido. Si son dos, es 1+ la tasa al cuadrado, por ejemplo.

Puedes empezar a utilizarla, pero si no quieres calcular estos numerejos, lo importante es tener en mente el concepto: mi dinero vale mucho hoy y bajo esa perspectiva debo buscar las mejores alternativas para que mañana conserve o aumente su valor.

La escalerita: empieza con poco pero ¡empieza YA!

Así como en el ahorro el tema no es cuánto sino hacerlo, en la inversión estamos en las mismas: no hay que esperar a ganarse el premio gordo de la lotería para abrir un fondo de inversión.

Si tienes $500 no importa que te dé algo, ¡pero que te dé! ¿Por qué? Primero porque así sea poco, el rendimiento que ganes es mejor que tener tu dinero sentadote en la banca, segundo, porque sucede un fenómeno curioso: cuando empezamos a ver el dinero junto nos emocionamos y empezamos a ahorrar a mayor velocidad.

Con mis primeros fondos, me daba la emoción primero por "cerrar" los cientos: si tenía $2450, le rascaba a mi presupuesto de esa semana para cerrarlo en $2500. Después fueron los miles: veía cómo le hacía pero al mes siguiente buscaba que fueran $3000 cerraditos; después me dio por múltiplos de $5000 hasta que mis metas empezaron a subir a cerrar en múltiplos de $10 000... obviamente no al mes cada cifra, pero el punto es que ver que iba alcanzando poco a poco algo más me motivaba para seguirle.

Puede que algunos me digan: "¿Pero si aún no alcanzo el monto mínimo del fondo que quiero para qué iniciar ahora?", bueno muy fácil, empieza en un instrumento donde sí puedas entrar con lo que tienes y fíjate un plazo para alcanzar el siguiente: haz una "escalerita".

Igual hoy puedes empezar con $1000 en un pagaré en uno de los bancos populares, que al año te den lo que los certificados de la tesorería, los famosos Cetes, pero tú sigues ahorrando y ganando intereses. Al cabo de un año ya tienes los $10 000, que es el estándar en monto de apertura para muchos fondos de inversión, y puedes tener un portafolio con más opciones.

Si ese monto de entrada es muy alto —y cada vez que quieres tenerlo junto se te atraviesan viajes, fiestas, descomposturas del coche, etcétera... que impidan juntarlo—, otra opción son los fondos sin monto de entrada pero comisión mensual fija. Algunas instituciones cobran $30 al mes. Evidentemente al principio, si el monto que invertiste es bajo, la comisión se come los rendimientos, pero conforme vaya subiendo tu inversión, empieza a "desquitar".

Y para acabar con los pretextos, si no te funciona ninguna de las opciones anteriores: olvídate de tus bonos, aguinaldos o repartos de utilidades y hazte a la idea de que no los vas a tocar sino que los vas a destinar a abrir tu cuenta, ahorita, antes de que los recibas.

Dónde sí y a qué huirle

¡Qué difícil no emocionarnos, cuando nos plantean la posibilidad de "hacerse rico sin despeinarse"!, como diría el bloggero San Escrin, pero generalmente lo demasiado bueno para ser verdad, el 99.99% de las veces, no lo es. Para muestra unos cuantos botones...

Las pirámides: estafas para todos los bolsillos

¿Será la crisis o una confabulación financiera? Yo no sé, pero en 2008 y 2009 parece que se destapó la coladera y salieron todas las ratas... pero de dos patas. Y además para todos los presupuestos.

Puede que recuerdes el mega fraude de 50 mil millones de dólares que Bernard Madoff les hizo a los archimillonarios de Estados Unidos, España, y quién sabe cuántos otros países, incluidos grupos financieros globales, que se descubrió en diciembre del 2008.

Y vaya que fue casi de película, porque algunos de los famosos embaucados fueron Steven Spielberg, Pedro Almodóvar y Eric Roth, el guionista de *El extraño caso de Benjamin Button*.

El cuate, que era ex presidente del NASDAQ (o sea como si fuera el presidente de la parte de empresas tecnológicas de la Bolsa Mexicana de Valores) abrió su Operadora de fondos de inversión y todos estos compadres pensaron: pues si la movía en WallStreet, algo debe de saber.

Ofrecía unos súper rendimientos, pero pequeño detalle: esos rendimientos no eran porque fuera un crack, sino porque hizo una pirámide.

¿Cómo una pirámide? Pues muy fácil: alguien abría un contrato y al mes le daban 20% de rendimiento, pero ese 20% no provenía del rendimiento de los títulos que compró, sino de que el señor Madoff agarraba la lana de los siguientes inversionistas y de ahí pagaba a los primeros.

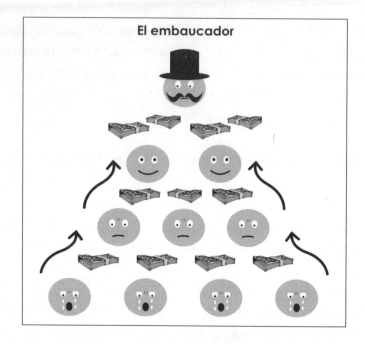

El embaucador

En las pirámides, los últimos que entran son a los que se llevan al baile. A los primeros les pagan con los subsecuentes ¿pero si ya no hay subsecuentes? ¡Se acabó la fiesta!

Igualmente, si todos se salen al mismo tiempo de la inversión obviamente no hay lana para pagar, con la crisis muchos hicieron retiros, así que ¡imagínate!

Y la última posibilidad para el derrumbe es que el estafador simplemente considere que ya ganó bastante y se vaya con el dinero de todos.

Pirámides para todos hay: en el mismo año, en Colombia, hubo otro vivillo llamado David Murcia Guzmán, que también decidió que era bien padre jugarle a la multiplicación de los panes, nomás que con pesos colombianos. Lo peor es que los más afectados fueron las personas de menores ingresos, aunque como bien me cuenta un amigo colombiano, connacionales suyos de todas las posiciones económicas llegaron a caer en sus garras.

Me acuerdo muy bien de esta historia porque al caer la pirámide en noviembre del 2008, era tanta la gente metida que se desataron protestas en las calles de Colombia y el gobierno declaró "estado de emergencia social". Además una amiga de Medellín estuvo a punto de contarse entre las víctimas.

Por ahí de septiembre del 2008, Viviana me escribió un correo sobre un mecanismo de inversión medio informal en Colombia, con una señora que decía en una entrevista al diario *El Tiempo* que había encontrado una fórmula matemática para pagar grandes rendimientos SIN tener que invertir el dinero en ninguna parte. La cosa es que casi casi en seis meses te duplicaban lo que invirtieras.

Pese a lo ilógico del asunto, la muy salvaje de mi amiga quería sacar una buena parte del dinero de su ahorro para el retiro —que no sé por qué en Colombia se puede hacer tan fácilmente, si debe ser para la jubilación— y meterlo a esa empresa, que justamente era DMG.

No sé si por falta de tiempo, por un acto de iluminación o porque la convencí, Viviana no se metió y dos meses después: ¡Bolas! hasta manifestaciones había, porque todos perdieron hasta la camisa.

Madoff a la mexicana

Para que vean que hasta el más experimentado puede caer en las garras de los estafadores, les voy a contar la experiencia cercana del tercer tipo de "L" con el Madoff mexicano.

Resulta, que a finales de marzo del 2009 llegó al mail de mi blog un correo de un lector-colega con una duda-sugerencia sobre una oportunidad de inversión increíble, maravillosa, única en la vida… y todos los apelativos que huelen a estafa a cuatro kilómetros de distancia.

"L" me preguntó qué opinaba sobre una inversión en una compañía de Forex, es decir, que se dedica a inversiones en divisas. Ahí la gente gana o pierde dependiendo de si le atinó a si el dólar, el euro, el yen, etcétera, suben o bajan.

Su duda surgió porque este ingeniero en sistemas del Tec, que escribe un blog de finanzas personales —para que vean que hasta al más conocedor le puede pasar, le gana la avaricia—, tenía amigos que habían conseguido rendimientos de 20% y hasta 30% en sólo unos meses. Él había tratado con una cuenta "demo" (sin invertir dinero de verdad) y le había ido bien.

Yo le contesté que las inversiones en Forex eran muy riesgosas, que incluso los financieros decían que eran más complicadas que invertir directo en acciones en la Bolsa porque las divisas son muy volátiles y un día puedes ganar 30% y al siguiente perder 60%, pero que además no es un mercado regulado; es decir, no hay ninguna autoridad ni en México ni en el mundo a la que puedas acudir si tienes un problema, porque no estás tratando ni con bancos, ni con aseguradoras, ni con operadoras de fondos de inversión, a las que sí las traen cortitas. Y encima que nunca es buena idea invertir en algo que no entiendes al 100% ¿y quién puede entender cómo se mueven todas las monedas del mundo? Total que Yo, yo, yo... no las tomaría.

Pudo más el sonidito de monedas en su cabeza que las advertencias y entonces este hombre —que en su blog hacía recopilaciones de estrategias de inversión, ahorro, *gadgets*, libros y sitios de internet para manejar el dinero— muy cándido me dice por messenger: "Le voy a entrar nada más con 5 mil dólares"... con un tono como si la cantidad literalmente fuera lo que le sobró de su domingo. "L" siguió recomendándome abrir un contrato, al fin que tenían "oficinas serias" en la torre del World Trade Center de la ciudad de México, aunque por ahora la mitad de las oficinas de ahí son virtuales, es decir las comparten varias compañías.

En agosto me llegó un mail de "L" donde me pedía mi teléfono para contactarme urgentemente. El cuate de las inversiones en Forex se había ido con su dinero y el de al menos otras 300 personas. Él "nada más había perdido sus $50 000" en el chistecito, pero para otros había significado todo su patrimonio.

Contrataron un abogado y fueron a la Comisión Nacional para la Protección y Defensa de los Usuarios de Servicios Financieros (Condusef), pero desgraciadamente como no era una institución regulada, la única vía que les quedaba era entablar un juicio penal, con el que si podrían recuperar algo sería al cabo de muchos años. La noticia del Madoff mexicano se publicó en *Cnnexpansión*, *El Economista* y otros medios, pero hasta donde me quedé, el tipo seguía prófugo y los estafados sin ver un centavo.

Otros tipos de engaños

La estafa del Forex es sólo un ejemplo, pero hubo otros vivos que durante el 2009 hicieron su agosto. Los había, de verdad, de todos sabores y colores: constructoras, pseudobancos; pseudo fondos de inversión, consultores. En ese año la Comisión Nacional Bancaria y de Valores (CNBV) emitió nueve alertas contra empresas que captaban dinero de manera irregular, pero seguramente aún quedan algunas vivitas y coleando que lo sigan haciendo sin que hayan sido denunciadas.

Quién captaba irregularmente	Fecha de la alerta
Sarofin	26 de noviembre del 2009
Fondos de Inversión DOT	9 de noviembre del 2009
Grupo Inmobiliario VERHOME S.A. de C.V.	2 de septiembre del 2009
Construcciones Mauri, S.A. de C.V. (nombre comercial: Sitma, Grupo Inmobiliario)	8 de junio del 2009

FOREX.com y MexForex S.A. de C.V.	5 de junio del 2009
Impulsa Zion, S.A. de C.V. (nombre comercial: InverZión)	22 de mayo del 2009
Capitalbank	13 de abril del 2009
Sues Consultores y Asociados, S.C.	31 de marzo del 2009
INVERBAN, S.A. de C.V.	23 de marzo del 2009
Fuente: Comisión Nacional Bancaria y de Valores.	

Un entrevistado de Condusef incluso me enseñó la carta desesperada de un señor de Monterrey que cayó con el famoso INVERBAN, que fue el primer grupo que cacharon. A él le habían prometido una inversión inmobiliaria que con $50 000 le daba $5 000 al mes. El señor metió todos sus ahorros y ¡claro! después del primer mes, ni intereses ni rendimientos. Él pedía en su misiva que le regresaran íntegramente su capital y lo que "había ganado". Por desgracia su única alternativa era, nuevamente, un juicio penal.

Y después de tanto susto, entonces ¿dónde sí?

En México solamente pueden ofrecer inversiones o captar ahorro las instituciones autorizadas por la Comisión Nacional Bancaria y de Valores. Si son extranjeras pueden solicitar autorización para tener una filial acá. Los que no tienen este papelito, nacionales o no, actúan de manera ilegal y se llama "captación irregular".

¿Por qué es importante la regulación? Primero porque si tu lana se esfuma mágicamente —o el tipo que te ofreció la inversión—, la Comisión Nacional Bancaria y de Valores puede intervenir, pero si no, eres tú contra el mundo.

En el escenario "menos peor", si la institución está regulada en su país de origen puedes ir hasta allá y demandarla ante sus tribunales.

Si no está regulada ni aquí ni allá (como las empresas *online* que ofrecen inversiones en Forex que es un mercado que NADIE supervisa aunque les juren y perjuren en sus sitios *web* que la Reserva Federal estadounidense lo hace en EUA, puras habas), será casi imposible que recuperes tu dinero si algo sucede.

La segunda razón es que para operar en México, las instituciones tienen que reportar diario, diario, diario a la CNBV qué pasa con cada uno de los pesos de sus inversiones y ahí no hay de que nadie-sabe-nadie-supo con unos milloncitos.

El caso de Stanford en México es un gran ejemplo… si no, pregúntenle a la actriz Laura Zapata, la más famosa de sus estafados.

La empresa tenía dos tipos de clientes: los que invirtieron a través de la filial en México y que al momento de la estafa la CNBV estaba viendo qué onda y presionando para que les devolvieran su lana y al final recuperaron sus recursos; y para los que se quisieron ver muy listillos —probablemente evadir impuestos de paso— y mandaron su lana al Stanford de Antigua y de EUA, será muy, pero muy difícil que recuperen algo.

El tema terminó con órdenes de aprehensión contra David Miguel Nanes Schnitzer —que era el director—, y contra ocho ejecutivos y promotores de la empresa. Además, en julio del 2009 le revocaron la autorización a Stanford Fondos para distribuir acciones de sociedades de inversión en el país.

Evidentemente cada quién sus inversiones, pero si es un plan a largo plazo o al que vas a meterle bastante dinero, en México debe haber muchos esquemas similares que sí estén regulados, te den buenos rendimientos y te dejen dormir con la tranquilidad de que tu patrimonio no terminará en una cuenta escondida en las islas Caimán, financiando las piñas coladas de tu estafador.

Y a todo esto, ¿cómo sé si la institución está regulada?

Si quieres saber quiénes están regulados, checa el Padrón de Entidades Supervisadas de la Comisión Nacional Bancaria y de Valores, o el Registro de Prestadores de Servicios Financieros de la Condusef, que los cuates conocen como el SIPRES. Estos registros tienen los datos de las instituciones legalmente establecidas, si contratas con alguna y hay bronca, puedes ir a quejarte a la Condusef, si contratas con alguien que no esté legalmente establecido, ni quien te pele mi estimado, tendrás que arreglártelas solo.

> **Infórmate vía Internet:**
> http://sipres.condusef.gob.mx/home/
> www.cnbv.gob.mx/
> O por teléfono, además, puedes reportar si encuentras alguna institución sospechosa.

Moraleja anti estafas

El dinero no crece en los árboles. Esa frase tan añeja, que casi todos los papás nos han dicho cuando hacemos pataletas para que nos compren algo o cuando estamos grandecitos y no hemos empezado a trabajar, es también el principio de si estamos ante una estafa o no: "¿De dónde vienen las ganancias que me dará esa inversión?"

Si mi dinero no está invertido en algo que a su vez genera más dinero, ¿cuál es la base? Es una pregunta simple, pero que siempre debemos hacerle a los que nos ofrecen algún esquema que prometa regresarnos nuestro capital con intereses.

Por ejemplo: "¿De dónde vienen los intereses que pagan los pagarés bancarios?" El dinero que dejamos por 28 días, tres meses o el plazo que sea, el banco se lo presta a otras personas, les cobra una tasa de interés (mayor a la que nos van a pagar a nosotros) y de ahí salen los intereses y su ganancia.

En la Bolsa de Valores es similar: el dinero que se invierte, las empresas lo utilizan para proyectos productivos, y cuando tienen buenos resultados con esos proyectos y hacen dinero, aumenta el valor de nuestra inversión. Si por el contrario meten la pata o no le atinaron al negocio, mala tarde, baja el precio de las acciones.

Si lo que les ofrecen parece más un acto de magia que un negocio ¡Huyan!

La famosa Bolsa de Valores con manzanitas

Si ya eres un expertazo financiero y sabes de qué se trata la Bolsa, sáltate este apartado, pero si eres como el 90 y tantos por ciento de los mortales y la "bolsa" que más te suena es la del mandando, sigue leyendo.

En las noticias oímos que la Bolsa para acá, la Bolsa para allá, qué sube, qué baja... pero fuera del muy bello edificio con una bola con espejos en Paseo de la Reforma, la imagen de pantallitas de números y *traders* arrancándose los pocos cabellos que les quedan, para la mayoría es un misterio cómo funciona. Para mí lo fue hasta que cumplí veinte años... y eso que mi papá algunas veces ya me había contado algo.

La Bolsa es digamos como un banco para las empresas, ¿por qué hago esta analogía?, pues porque es una forma en la que éstos pueden conseguir financiamiento para sus proyectos pero en lugar de que se los dé su banquero o algo así, se los dan miles y miles de inversionistas y en vez de pagar intereses dan rendimientos (si les va bien).

¿Qué venden en la Bolsa? Cachitos de las empresas (las acciones) y la posibilidad de que esos "títulos" valgan más en el futuro.

Imagina que Bimbo quiere construir una planta en Zitácuaro para aumentar su producción de pan, calcula que el aumento en las ventas debido a la construcción de dicha planta será de 20% respecto al año anterior, pero... ¿con que dinero construirá la planta? La respuesta es: en la Bolsa.

Bimbo va a la Bolsa y "coloca"; es decir vende sus acciones. Con el dinero que obtiene por la venta de sus acciones, construye la dichosa planta, compra harta harina, hace los panes y gana 20% más que en 2009. Cuando la empresa da a conocer al mercado sus ganancias en el reporte trimestral (que es un documento de cómo andan las finanzas de cada compañía), las acciones subirán de precio y valdrán lo que pagaron los inversionistas más un rendimiento.

El rendimiento depende del desempeño que haya tenido la empresa y del valor de venta de las acciones. Si la planta no hubiera dado los resultados esperados en términos de ventas, no hubieran podido construirla en el tiempo planeado, la hubiera destruido un ciclón o su competencia les hubiera ganado mercado, la acción podría bajar de precio.

Otro factor es lo que el público espera de las empresas, es decir las expectativas. Cuando se cree que les va a ir muy bien, los inversionistas se anticipan, compran acciones de dicha compañía. La demanda de las acciones aumenta y por tanto su precio se eleva.

En cambio, cuando se conocen datos de que podría tener broncas, los inversionistas buscan deshacerse de las acciones y como todo el mundo vende el precio se cae. Acá lo que aumentó fue la oferta. Por eso la Bolsa es parte del mercado de "renta variable": no hay una ganancia garantizada, el precio inicial puede subir o bajar.

Ahora bien, también en las noticias de la mañana mencionan que subió o bajó el Índice de Precios y Cotizaciones (IPC) de la Bolsa Mexicana de Valores. ¿Y eso con qué se come? Bueno, pues todas las bolsas de valores del mundo tienen un indicador líder. El IPC es el nuestro, el de Estados Unidos es el Dow Jones Industrial Average, en Inglaterra el FTSE, en Japón el Nikkei, en Francia el CAC 40, en España el IBEX, en Brasil el BOVESPA… y así nos podríamos echar todo el día.

Estos indicadores son una muestra de las acciones de las empresas que más se venden y compran en cada Bolsa. La variación de este indicador depende de los cambios en los precios de dichas acciones. El IPC está compuesto por 35 compañías, que pueden ir cambiando en el año, dependiendo de qué tanto se negocien sus títulos.

Algunos nombres que les pueden sonar son América Móvil (Telcel), Axtel, Bimbo, Cemex, Femsa (la que hace Coca-Cola y la de los Oxxo), Compartamos (el banco de las microfinanzas), Grupo Modelo (¡Salud!), Grupo México (la del cobre) o Elektra.

Emisora	Serie	Ponderación IPyC
AMX	L	28.0%
WALMEX	V	12.2%
GMEXICO	B	6.7%
CEMEX	CPO	6.4%
TELEVISA	CPO	5.6%
FEMSA	UBD	4.8%
GFNORTE	O	4.1%
ELEKTRA	*	3.0%
ALFA	A	2.7%
GFINBUR	O	2.7%
BIMBO	A	2.6%
TELMEX	L	2.3%
KIMBER	A	2.1%
GMODELO	C	2.1%
PEÑOLES	*	1.9%
GCARSO	A1	1.8%
MEXCHEM	*	1.4%
COMPART	O	1.2%
ICA	*	1.0%
GEO	B	1.0%
GAP	B	0.9%
ASUR	B	0.8%
HOMEX	*	0.7%
SORIANA	B	0.7%
URBI	*	0.7%
AXTEL	CPO	0.5%
TVAZTECA	CPO	0.4%
ARA	*	0.4%
BOLSA	A	0.3%
GRUMA	B	0.3%
COMERCI	UBC	0.2%
GFAMSA	A	0.2%
AUTLAN	B	0.1%

Fuente: Bolsa Mexicana de Valores, Julio 2010.

Si en una jornada les va muy bien a la mayoría de las acciones de estas empresas, entonces el IPC sube y si es un mal día y los precios bajan, por lo tanto el índice también. En las noticias, los aumentos o disminuciones de los puntos del IPC nos los dan en porcentajes.

¿No era tan complicado como pensabas verdad? Ahora lo interesante: ¿qué formas hay para entrarle? Que por cierto, son bastantes.

La primera vez que le dije a Alejandra que tenía una inversión en Bolsa hace ya bastantes añitos, la mujer hizo ojos de plato y seguro se imaginó que era millonarísima... pero no, en ese entonces sólo tenía un fondo de inversión. De hecho, como estábamos en nuestros veintes ella me dijo que era una "pequeña capitalista". Este libro le debe la mitad de su nombre a ese incidente. Pero más allá de contarles la historia del título, lo que quiero decirles es que la Bolsa es algo mucho más alcanzable de lo que se imaginan.

Ahí les van algunas sugerencias para participar, dependiendo de con cuánto puedan empezar:

Sin monto de entrada. Algunas operadoras o casas de bolsa ofrecen la facilidad de entrar a sus fondos de inversión o comprar acciones con la cantidad que quieras, pero te cobran una comisión de entre $25 y $30 mensuales o $180 anuales.

A partir de $100. Mediante tu afore. Sí, aunque suene raro así es. Una parte del ahorro voluntario que metes a tu afore se invierte tanto en la Bolsa Mexicana de Valores, como en otras internacionales: la Bolsa de Nueva York, Brasil, Inglaterra, Japón, Alemania… es una lista enorme.

El porcentaje que se destina a estos instrumentos depende de la afore en la que estés, pero en todo caso tiene por ley un máximo de 30%, y eso si eres menor de 26 años. Si quieres saber más sobre en qué invierten las afores, córrele al capítulo de retiro.

Es a partir de $100 porque es el mínimo que los bancos aceptan como depósito, pero en la ley es a partir de $1. El ahorro voluntario de la afore puede ser para cuando tengas 65 años, pero también lo puedes sacar cada dos o seis meses, dependiendo de las políticas de tu afore. Pero OJO, si lo vas a sacar antes de ser "adulto en plenitud", no lo hagas deducible de impuestos.

A partir de $5 000. Ser estudiante tiene otras ventajas que pagar menos en los museos, algunas operadoras de fondos y casas de bolsa ofrecen "descuentos" en los montos de entrada y quienes aún están en la universidad o cursando una carrera técnica pueden invertir en un fondo o incluso comprar acciones en directo con la mitad que piden para cualquier persona. En algunos casos puede bajar hasta $2 500 si es que la escuela tiene algún convenio con la institución financiera, así que puedes dejar de cambiar de iPod este año y empezar a invertir en grande.

Existen también "bancos en línea", ya sean de los bancos tradicionales o de los nuevos, que permiten abrir una cuenta con esta misma cantidad. Ahí el tema es que tú manejas solo las inversiones, no hay asesores, como en las otras opciones.

A partir de $10 000. Puedes contratar un fondo de inversión de renta variable con la mayoría de las operadoras o distribuidoras. En algunos casos la apertura puede ser de $20 000 o $30 000, pero son casos específicos. En las opciones tienes los fondos indizados, que siguen cómo se comportan las unidades de alguna bolsa de valores o los que seleccionan un grupo de empresas e invierten directamente en sus acciones.

A partir de un millón de pesos. Puedes llevar tu gran alcancía a una Casa de Bolsa y a través de ellos comprar las acciones de las empresas que quieras.

Lo que debes saber antes de aventarte al ruedo... bueno, a invertir en *la Bolsa*

En la vida me he encontrado con tal cantidad de "descalabrados" con inversiones en Bolsa, que no me extraña que se perciba como una inversión muy riesgosa. En la gran mayoría de los casos el problema fue que entraron entendiendo poco cómo funciona el asunto... o no les explicaron nada.

Al abrir una inversión nos cuentan de sus bondades, pero casi nadie nos platica que en la Bolsa no ganaremos todo el tiempo —por algo se llama "renta variable"— y que habrá periodos de volatilidad en los que tengamos "pérdidas virtuales", pero que sólo se convierten en "reales" si vendemos y sacamos el dinero como locos despavoridos, cuando los precios son bajos. Ese solo consejo puede hacer una gran diferencia entre un buen inversionista y un cuate que por una mala experiencia opte para siempre por dejar su dinero debajo del colchón, perdiendo, eso sí muy cómodamente, su valor.

¿Cómo está esto de las pérdidas virtuales? Imagina que vendes pulseras de oro: tus compradores han pagado $100 por cada pieza, pero de pronto se cae el precio del oro, y ahora en el mercado se ofrecen a $80, ¿las venderías a $80 si supieras que en tres semanas valdrán $115? ¡¡¡Pues no!!!

Con la Bolsa funciona de misma manera, pondré un ejemplo real: empecé a invertir en un fondo indizado en diciembre del 2006, cuando la Bolsa andaba en 27 000 unidades. En febrero se cayó a 25 000 unidades por la crisis en China. Si hubiera vendido en ese momento habría perdido 7.4% de mi inversión, pero en lugar de eso aguanté y para mayo de ese año la Bolsa rompió la barrera de los 32 000 puntos. Mi ganancia era de 18.5% y con una parte de las ganancias me fui de viaje.

La mismita historia se repitió para mí en 2008, pero más drástica y lo único que hice fue aumentar mi inversión... al fin y al cabo los precios eran tan bajos que tarde o temprano terminaría ganando y no tengo prisa, esa inversión es para el retiro y algunas de las eventuales ganancias para viajes, cuando sea viejita me iré de pata de perro a lugares exóticos o tendré una casona en una hermosa calle empedrada.

Evidentemente en casos extremos, como ese de septiembre del 2008, cuando con todas las noticias de la quiebra del Banco Lehman Brothers, la Bolsa mexicana cayó de 28 000 a 16 000 unidades en una semana, obvio da miedo. No es el ambiente más confiable para invertir, pero no hay crack que dure cien años, ni mercado que no rebote... aunque se tarde un tiempo. Si lo ves, de entonces a enero de 2011, la Bolsa ya andaba en 38 000 unidades, pegándole a las 39 000.

En cierta ocasión tuve una entrevista con Lyle Gramley, un hombre que había sido gobernador de la Reserva Federal de Estados Unidos con Carter, y lo que él recomendaba a los pequeños inversionistas durante las crisis era básicamente "estarse quietos", porque a veces tomamos decisiones que a la larga no tienen sentido.

Su punto era: "Respira hondo y profundo, piensa en la razón por la que tomaste esas decisiones de inversión, si los motivos y las metas no han cambiado, deja ese portafolio en paz hasta nuevo aviso, porque las crisis van y vienen", se lo tomaba con mucha filosofía; alguien tan influyente en la economía de un país debe saber de qué está hablando.

No se trata de invertir en la Bolsa toda la vida, contra viento y marea, pero sí de que analices antes de entrar o salir y que cuando lo hagas no sea por impulso o pánico repentino, sino porque estás siguiendo tus objetivos, tu estrategia de inversión o porque simplemente el mercado en ese momento no es atractivo y piensas regresar cuando lo sea.

¿A qué me refiero con estrategia? A una forma de actuar donde primero establezcas hacia dónde vas con determinada inversión: "¿Busco seguridad? ¿Crecimiento? ¿Potencializar mi portafolio?", y consideres: "¿Qué haré si...?", en el caso de que la Bolsa: "¿...baje?" "¿En qué niveles o piso estoy dispuesto a entrar (por ejemplo: cada vez que llegue a 25 000 unidades voy a meterle un poco más)?" "¿Quiero gestionar mi fondo y sacar las ganancias cuando los genere para luego reinvertirlas o simplemente voy a dejar el dinero invertido a muy largo plazo?"

Antes de andar de Ave-María-dame-puntería y cascándole a la bolsa o incluso antes de escuchar a los asesores (que siempre es bueno) hay que fijarse una estrategia con pisos y objetivos, y actuar de acuerdo con ella. De verdad siempre es más importante responderte: "¿Para qué estoy invirtiendo?", que: "¿Cuánto gané hoy?"

Elige también de acuerdo con el tiempo que le puedas dedicar. Los resultados de las inversiones, como muchas cosas en la vida, dependen del tiempo y esfuerzo depositados en ello.

Claro que se puede hacer mucho dinero en la Bolsa, pero eso puede implicar que tengas que estar revisando a diario tus inversiones. Si no tienes tiempo para eso —muchos trabajan fuera del sector financiero y sería imposible— busca opciones que te den rendimientos sin que tengas que estar tan pendiente.

En ningún caso puedes abrir el instrumento, depositar el dinero y dejarlo botado, pero no es lo mismo tener un fondo de fondos con cierto horizonte que se rebalancea solito y tienes que revisar únicamente dos veces al año o cuando pase algo importante, que andar "cascándole" a la Bolsa y cazar acciones que tienes que vigilar a diario por si es buen momento para vender, comprar o ver qué haces.

Los expertos dicen que una buena forma de amortiguar los movimientos del mercado es "promediar"; es decir siempre destinar un monto constante (aunque no grande) a la Bolsa. Por ejemplo, hacer un pequeño depósito semanal, en lugar de otro más grande mensual.

El punto de esta técnica es que si en una de las fechas la Bolsa está "cara", no todo te salió así y cuando está barato o cayó no te pierdes la ganga. El chiste es "no detener los flujos", diría Jaime Diez, un alto directivo del sector financiero.

Otro tema es que en la Bolsa actuamos contra lo que hacemos con el resto de las actividades de nuestra vida. ¿Qué hacen las personas para comprar: prefieren hacerlo cuando suben los precios o cuando hay baratas? La gran mayoría seguro se irán por los descuentos. Pues con la Bolsa es idéntico: cuando los precios caen es justo cuando hay que comprar.

Es chistoso, muchos se animan a entrar al mercado accionario cuando todo va bien y va subiendo, o sea compran caro y como es muy volátil luego cae de nuevo y se sienten defraudados, pero en realidad es cuestión de *timing*.

Lo que sí es necesario tener es paciencia. Se parece más a comprar un abrigo cuando ya se acabó el invierno porque puedes obtener un súper precio, pero te tienes que esperar a usarlo (o sacar la lana) hasta el próximo año.

La Bolsa en el largo plazo siempre tiende a subir, pero largo plazo no son seis meses ni un año, así que si compraste caro no es el fin del mundo, pero tendrás que esperar más tiempo para ver ganancias.

Hay una idea de Iván González, un financiero especialista en riesgos, que se me quedó muy grabada. Me dijo que el peor momento para invertir es cuando escuchas en las noticias que algo ganó 40% en los últimos doce meses, porque ese 40% ya lo ganó alguien más y tú de eso no agarraste nada.

Recomendaciones en corto:

> ✓ La Bolsa siempre es una opción DE LARGO PLAZO y si le vas a entrar tiene que ser con dinero que no vayas a

tocar en un periodo de tres a cinco años y que no vayas a necesitar ni para emergencias (esa lana tiene que
estar en algo más seguro). Repito: de tres a cinco años
por lo menos.

✓ Primero piensa en la meta y luego en el instrumento. Si
necesitas el dinero pronto, la Bolsa no es la opción adecuada, platica con tu asesor acerca de tus planes que
de términos financieros marcianos.

✓ No metas a la Bolsa dinero que no te puedas dar el lujo
de arriesgar, como el enganche de tu casa o la cole-
giatura de tus hijos, etcétera... es para aumentar tus rendimientos, pero tampoco es magia.

✓ DIVERSIFICA. Si inviertes en la Bolsa también debes tener
dinero en cosas más seguras o en otro tipo de inversiones como fondos de deuda, pagarés y poco en una
cuenta de banco común y corriente. Otras opciones
también pueden ser inmuebles para vender o rentar,
una franquicia, etcétera.

✓ Sé sincero contigo. Todos decimos que somos muy va-
lientes y que tenemos un perfil "agresivo de inversión",
que nos gusta tomar riesgos porque queremos mejores
rendimientos... hasta que nuestro portafolio por una situación momentánea pierde 30% en una semana. Pregún-
tate de verdad qué tanta volatilidad puedes aguantar.

✓ El dinero para emergencias es para emergencias. Tiene
que estar disponible y en algo seguro, que sepas que
no te va dar un sustito que hoy bajó 15%, aunque mañana se recupere.

✓ Siempre ten un extra en líquido, 10% al menos, ya sea
para oportunidades o porque no hayas hecho bien tus
cálculos en tu fondo de emergencia.

¿Estás listo para la Bolsa?

Después de tanto consejo llegó la hora de la verdad. Para salir de dudas, y saber si realmente quieres, puedes y estás hecho para la Bolsa o es mejor que empieces con instrumentos menos riesgosos, y cuando agarres callo te cambies, responde las siguientes preguntas:

¿Entrarle o no entrarle a la Bolsa?

1. ¿Estás seguro (a) de que no vas a tocar ese dinero por ninguna circunstancia en los próximos 2 años (o más)?
   a) Segurísimo (2)
   b) Mmm. No sé (1)

2. ¿Prefieres ganancias medias constantes que perder a veces, con la posibilidad de ganar más?
   a) Sí, lento pero seguro (1)
   b) No, mi nombre es peligro (2)

3. ¿Puedes aguantar leer una noticia que dice que por alguna crisis mundial la Bolsa cayó 6% en un día, sin sacar tu dinero?
   a) Sin broncas (2)
   b) ¿Quéee? Denme mi dinero (1)

4. ¿Has invertido antes? (Aunque no sea en Bolsa, pero si en fondos o en pagarés. Tandas y cuentas de ahorro o débito no cuentan).
   a) Sí, un rato (2)
   b) No, jamás (1)

5. ¿Preferirías invertir en un mercado que está en máximos históricos de ganacias o en uno que cayó, aunque en el pasado tuviera buen desempeño?

---

a) En máximos (1)

b) En el que cayó (2)

6. ¿Tienes un guardadito, fuera de la Bolsa, que te sirva para emergencias o para comprar algo que te parezca oportunidad única en la vida?

a) Sí, siempre (2)

b) No, sería todo mi capital (1)

7. ¿El dinero que piensas meter es todo un patrimonio o algo que definitivamente no puedes perder?

a) Sí, esperaba hacerlo crecer (1)

b) Nooo ¿cómo crees? (2)

8. ¿Esperas hacerte rico en un año con estas inversiones?

a) Pues Sí, si no p'que entro (1)

b) No, sé que no es magia (2)

9. ¿Tienes un estómago fuerte y nervios de acero?

a) Soy súper Zen (2)

b) Mmm, no tanto (1)

10. Si hoy compraras y mañana cayera el mercado¿te saldrías o no te preocuparía porque la Bolsa sube y baja?

a) Me saldría volando (1)

b) No me preocuparía (2)

Resultados

De 20 a 17 puntos: listísimo para la Bolsa. Sabes cómo funciona el mercado, cuáles son los riesgos, que los mercados tienen ciclos y crisis, que es mejor entrar cuando están abajo, y que es necesario tener diferentes inversiones para evitar broncas si algo sale mal.

De 16 a 13: tienes bastante idea, pero puede que aún te falte conocer un poco más, medir tus riesgos y definir cuáles son tus metas al invertir, para elegir instrumentos adecuados. Si piensas entrar recuerda que puede haber momentos de volatilidad, como del 2008 al 2010 crisis global, y que los escenarios en los que unos días ganes y otros pierdas son posibles, por lo que si le entras de verdad debe ser con un horizonte de largo plazo. Lo más recomendable es que las inversiones en la Bolsa no rebasen el 20% del total de tu portafolio.

De 12 a 10: puede que seas un poco preocupón, que no estés 100% seguro de iniciar tus inversiones (qué tal que en seis meses te vas de viaje y quieres usar ese dinero) o que tengas expectativas un poco altas de lo que puedes ganar en la Bolsa.

Lo más recomendable es que empieces con instrumentos menos riesgosos, investigues un poco más del mercado bursátil y cuando te sientas más seguro vayas metiendo poco a poco un porcentaje de tu portafolio a la Bolsa (empieza con 10% máximo), para que una mala racha no te decepcione y te cure de espanto para siempre.

Y a todo esto, ¿qué es un fondo de inversión?

Cierto día platicaba con un amigo, le explicaba un texto que escribí sobre fondos que invierten en *commodities*, y que los *commodities* son materias primas, como el maíz, el oro, el cobre, el petróleo, bla, bla, bla... diez minutos después, dijo: "Bueno, y a todo esto, ¿qué es un fondo de inversión?"

El hombre llevaba toda la conversación dándome el avión o tratando de descifrar lo primero que dije. Si él, que tiene amigos financieros, no lo sabe, seguramente debe ser la PREGUNTA para muchos.

Un fondo de inversión junta el dinero de muchos pequeños o medianos inversionistas y con eso compran instrumentos que individualmente no podrían. Tan fácil como eso. De hecho, el nombre más propio de los fondos es "sociedades de inversión", por aquello de que reúne a los inversionistas.

Un ejemplo: yo llego con mi dinero a una operadora o distribuidora de fondos de inversión —la primera maneja sus fondos, la segunda sólo vende los fondos de otros— y les digo que quiero un fondo de deuda gubernamental. Cetes, por ejemplo. Como obviamente para entrar a ese mercado necesitaría millones, ellos juntan mi lana con la de otros, compran los Cetes y nos dan el rendimiento, claro menos una comisión, que ya viene descontada cuando obtenemos la ganancia.

No te preocupes, para abrir un fondo no necesitas saberte todo el menú de opciones y cómo funciona —al menos al inicio. Un asesor te puede orientar sobre qué comprar de acuerdo con tus metas, y un grupo de financieros se dedican a administrar el fondo y comprar o vender los títulos para los miembros de esa sociedad de inversión.

Al entrar a un fondo de inversión te hacen un "portafolio"; es decir, dividen tu dinero en diferentes instrumentos con diferentes niveles de seguridad y plazos de permanencia.

Las opciones que te ofrezcan dependerán de cada operadora, pero la mayoría tiene instrumentos de deuda, de renta variable o de cobertura, y explico: cuando tú compras un instrumento de deuda, el gobierno o la compañía a la que le prestan tu dinero contrae una obligación, debe pagarte un interés determinado por el tiempo en el que usa ese dinero. Es como si le hubieras dado un crédito y tu rendimiento es la tasa de interés que te pagó. Sus rendimientos oscilan entre 3% y 7% anual, dependiendo de si puedes retirar el dinero con periodicidad diaria, mensual, trimestral, etcétera...

En los instrumentos de renta variable inviertes tu dinero en cierta compañía y dependiendo de sus resultados te dan un rendimiento: si Cemex creció 15% y vendió más bultos de cemento e invertiste en ellos, te pagan ese interés por lo que invertiste. Eso sí, si les salió defectuoso el producto y pierden, tú también pierdes. Los fondos de renta variable, como su nombre lo dice, pueden tener rendimientos que cambian: algunos años han ganado 29%, 45% o hasta 150%, pero otros han caído 13% o 50%. Nada es seguro.

Por último, los fondos de cobertura son los que invierten en monedas como el euro, el dólar o el yen, o en instrumentos denominados en esas divisas. Su objetivo es proteger al ahorrador de posibles depreciaciones en la moneda local.

Hay que destacar el tema de la cobertura porque mucha gente asume que comprar dólares es una mina de oro *per se*, pero la realidad es que de 2005 hasta finales del 2008 sus rendimientos no fueron nada como para hacer la ola. Eso sí, a los que tenían una "rebanada" de sus inversiones en divisas les pegó menos el batacazo que se dio el peso en la crisis.

Todo buen portafolio debe tener una mezcla de estos tres grupos de instrumentos, acorde al perfil y objetivos del inversionista.

En México existen 474 fondos de inversión.

Fuente: AMIB, cifra a abril de 2010.

Hay fondos de mil cosas: de deuda gubernamental, de deuda de empresas, unos que siguen al IPC, que invierten en acciones ligadas al sector infraestructura, que invierten en deuda de gobiernos extranjeros, en compañías asiáticas de tecnología, en los mencionados *commodities*, en divisas como el dólar, el euro, de corto plazo, de mediano plazo, de largo plazo, con disponibilidad diaria, semanal, mensual, semestral, anual, etcétera, etcétera, etcétera... Y todos funcionan bajo el principio de reunir el capital de muchos para comprar instrumentos que solitos no podrían.

Benchmarks o cómo te fue en *la feria*...

Para medir qué tan buenas son nuestras inversiones necesitamos comparar peras con peras y manzanas con manzanas, nomás que del árbol más alto del bosque, ¿qué qué?

Como lo platicamos antes, la elección de a dónde dirigir nuestro dinero depende casi 100% de nuestras metas y objetivos, pero dentro de cada opción hay tantas variables, instituciones y productos, que para realmente saber qué tal le está yendo a los billetitos es indispensable encontrar un parámetro.

Los financieros llaman a esto *benchmarks* y en muchos casos es el indicador o punto de referencia contra el cuál cierto fondo, pagaré, etcétera, está compitiendo.

Cuando invertimos en la Bolsa, el indicador más lógico contra el cuál comparar es el Índice de Precios y Cotizaciones, o IPC para los cuates. Este numerito agrupa a las 35 empresas más pesadas dentro de la Bolsa —las que más se venden y compran y tienen mayor tamaño— y se mide por "unidades" que van en miles (33 000 por ejemplo). Si las unidades suben, hay ganancias, si no, significa que a estas empresas no les fue muy bien que digamos. Para sacar el rendimiento del IPC sólo se comparan las unidades en los distintos periodos que se quieran analizar.

Si yo invirtiera directo en acciones, comparar el rendimiento de las empresas que elegí contra las del IPC me puede decir si hice buenas elecciones (si es que es mayor a IPC) o de plano debo evaluar otras opciones.

Los *benchmarks* pueden ser tanto índices y tasas de referencia, como productos o instrumentos con similares características: que inviertan en lo mismo, que tengan el mismo horizonte —corto, mediano o largo plazo—, la misma liquidez —que pueda disponer de mi dinero a diario, cada semana, cada 28 días, cada tres meses, etcétera—, y nivel de riesgo. ¿Recuerdas el inicio de este capítulo? "El tiempo sí es dinero", si otra alternativa me da más dinero por mi inversión con menor riesgo, entonces no vale la pena tomarla sino irme a lo seguro.

Por ejemplo, se puede comparar un fondo de largo plazo que invierta en la bolsa de Brasil de la Compañía A contra el de la empresa B, pero la comparación no sería muy justa si ese mismo fondo lo comparo contra otro de corto plazo que invierta en deuda.

Como los periodos de medición pueden ser engañosones, lo ideal es medirlo contra varios momentos: los últimos doce meses, los últimos tres años y los últimos cinco años. Si tomamos sólo un lapso puede haber algún elemento que haga ver al instrumento mejor o peor de lo que es. Ya con varios, tendremos una mejor idea. Te dejo una bonita tablita con algunas ideas de qué comparar con qué, la mayoría de estos índices pueden consultarse en internet ("Google es tu amigo", como dicen por ahí):

Instrumento	Benchmark
Inversiones en Bolsa	El IPC de la Bolsa Mexicana de Valores
	Fondos de renta variables similares al nuestro
	Acciones del mismo sector económico
Inversiones en Bolsa en EUA	El Índice Standard & Poor´s 500
	El Índice Industrial Dow Jones
Inversiones en Bolsa a nivel internacional	Los Morgan Stanley Capital Index, para cada país y por regiones
	El Schwab International Index Fund, que invierte en las 350 empresas más grandes del mundo fuera de EUA

Pagarés e inversiones a plazos en bancos	Tasa anual de los Cetes a 28 días (dependiendo del plazo), que publica a diario el Banco de México
	Otros pagarés
	Depósitos a plazos en bancos con iguales periodos, como Certificados de Depósito
	Fondos de deuda de corto plazo
Divisas	Tipo de cambio
	Fondos de cobertura

¿En qué otras cosas puedes invertir? Algunas ideas...

✓ Bienes raíces para vender o para rentar.

✓ Franquicias.

✓ Negocio propio.

✓ Máquinas expendedoras.

✓ Empresas que empiezan, los famosos *"start-ups"* (capital semilla o capital de riesgo).

✓ Metales.

✓ Seguros dotales (aunque sacando cuentas, puede que sea más redituable un fondo, éstos te pueden dar disciplina y protección... para todos hay algo).

✓ Cualquier bien que tenga un mercado de reventa y su valor aumente con el tiempo.

Mi amiga la de la Bolsa y mi amiga la de las bolsas

Por si acaso después de todo este capítulo no se han convencido de empezar a invertir ¡pero a la de ya!, les dejo una última historia verídica-verdadera-de la vida real, para que le echen una pensada.

Mi grupo de amigas es verdaderamente versátil en general, pero en cuanto a finanzas personales creo que más.

Tengo dos que son justo el lado B del mundo financiero la una de la otra: Adriana es economista, abrió su fondo de inversión tan pronto como entró a trabajar y entre los instrumentos que eligió para invertir está la Bolsa, porque es lo que más deja a largo plazo.

Lore, en cambio, pese a que fue la que mejor ganaba de nosotras cuando empezamos a trabajar, me hizo una confesión por lo cual casi la ahorco: absolutamente todo su dinero se ha ido a las bolsas, pero no de valores del mundo sino Coach (y además no unas cuantas, como diez mínimo, multipliquen por 300 dólares en promedio y váyanse de espaldas).

Aunque parezca yo de piedra, también he sentido cómo me brinca el corazón frente a un aparador, he comprado cosas cuyo precio rebasaba por mucho mi presupuesto y comprendo la sensación de estrenar, que describen la mitad de los anuncios de Palacio. Pero esa mismita sensación me da cuando por fin llego a cerrar el cerito de los próximos 10 000 que me había propuesto ahorrar.

Reducir todo en finanzas personales a: "No gastes", no es precisamente descubrir el hilo negro. Recetar tacañez (que no es lo mismo que frugalidad) para equilibrar un presupuesto no me parece ningún descubrimiento, además tarde o temprano desgasta. Es más complicado, pero también más efectivo, buscar algo que poco se nos da en estas épocas: equilibrio e inteligencia para invertir. Finalmente, obtener un mejor rendimiento también es una forma de "ahorrar", pues generamos ingresos adicionales.

Quien se identifica con los gustos estilosos (y caros) de Lore puede tener una vida financiera sana si empieza a descubrir el placer que Adriana —quien por cierto es bastante glamorosa— tiene al abrir un estado de cuenta. Es una cosquillita indescriptible y una inyección de endorfinas, que además, en un tiempo, puede llevar a comprar con lo que tienes en la Bolsa mucho más que bolsas, incluso si son de diseñador.

Capítulo 7

Lo que siempre quisiste saber y no te atreviste a preguntar de las afores y del retiro

Respeta tus canas: lo básico que debes saber sobre retiro

Las afores y el retiro en general están en una zona nebulosa y desconocida para la mayoría de los mortales. Normalmente tenemos miles de dudas que nunca averiguamos o que no sabemos con quién responder. Este capítulo en lugar de encontrar un texto con el teje y maneje de la jubilación, está construido justamente con esas preguntas y algunas de las objeciones más comunes. Puedes buscar la que te atormenta, o leer de corrido para conocer distintos ángulos del tema.

1. ¿Por qué si eres joven y *bello* debes empezar a ahorrar para el retiro?

Hay dos mil maneras de prepararse para el retiro. Desde ahorrar para poner un negocio de hidroponía en tu jubilación o comprar un seguro dotal —ambos casos reales, me tocó realizar las entrevistas personalmente—, adquirir centenarios o monedas de plata, meterle dinero deducible de impuestos a tu afore o a un plan personal de retiro… Pero absolutamente todas tienen algo en común: cuanto antes empieces será más barato.

¿Por qué? Muy sencillo: tienes más tiempo para ganar rendimientos y lo que tienes que invertir es menor. Además, si empiezas joven te puedes ahorrar muchos impuestos a lo largo de la vida, que mejor se vayan para tu retiro. Ya más adelante verás cómo, con lujo de detalles.

La segunda parte de la razón es que tu misión en la vida casi seguro que no es venir a poblar el mundo y por tanto no tendrás ocho, nueve, diez u once hijos que quieran cuidarte y financiar tu vejez. Esto se puede oír exagerado y simplista, pero por décadas la falta de previsión para el retiro parecía menos importante porque había una red de seguridad valiosísima en la que siempre se podría contar si no habíamos ahorrado lo suficiente, si no tenías derecho a una pensión del gobierno o si siempre habías sido trabajador independiente. Esta red era justamente la familia.

En los sesenta a los mexicanos nos daba por tener casi siete hijos en promedio (aunque había familiones como el de mi mamá con once). Ahora el índice de fecundidad es 2.2 hijos para las mujeres entre 15 y 49 años si acaso y en los próximos cinco años bajará a 2.04, según los proyecciones de la población mundial de la ONU.

Hay gran diferencia entre pagar cuando te encuentras solo o máximo con dos hijos los gastos, que con una bola de hijos.

Por este punto no sólo es importante que ahorres para el retiro, sino que convenzas a tus papás de que empiecen, aunque planees apoyarlos después. No es tan sencillo financiar dos jubilaciones enteras.

2. Si no me alcanza ahora, ¿cómo quieres que ahorre para el retiro?

Ese es el punto: si ahorita que tienes trabajo, estás en la flor de la edad y de la generación de ingresos, no puedes con tu nivel de vida, algo debes hacer para ajustarlo. Si no, cuando seas una pasita y no puedas trabajar (o no al ritmo de ahora), ¿cómo vas a sobrevivir? ¡Cuida al viejito que en algún momento serás!

3. ¿Pero y si no *llego* a viejo? Prefiero disfrutar de mi dinero ahora

Esta es la objeción número uno que recibo en el blog contra ahorrar para el retiro, pero creo que hay que tenerle más miedo a sobrevivir demasiado tiempo y vivir en penurias esos últimos años.

Evidentemente es un tema hasta de cómo vemos la vida, así que si quieres quemarte el dinero porque no sea que te mueras antes, cada quien. Eso sí, en términos de posibilidades es más factible que vivas más allá de los 75 años a que mueras en plena juventud o adultez-contemporánea derrochando tu dinero, como yuppie de los ochenta.

El argumento es "vivir el momento", "disfrutar el dinero en tus años de juventud" etcétera, pero existe el justo medio: tener un estilo de vida donde te des tus gustos, pero también que ahorres poco a poco (el "poco" dependerá de que tan chavo estés).

Cuando eres joven, de alguna manera te las arreglas con la escasez de recursos, pero ya no será tan fácil cuando seas "adulto en plenitud", cuando tu salud no sea tan buena como ahora y requieras más atención médica, un lugar donde vivir (que no esté en el octavo piso sin elevador) y cuando quizá ya no puedas trabajar.

Por otro lado, si lo que te preocupa es: "¿Qué tal si no llego?", siempre hay un producto financiero para cada necesidad: puedes comprarte un dotal, que es un seguro de vida que tiene la doble protección, por un lado un componente de ahorro que te permite tener un capital determinado en la fecha que contrates y por otro si falleces antes, le dan la suma asegurada a tu familia. Alternativas siempre hay.

175

4. ¿Tengo derecho a una pensión?

Por aquí debiéramos empezar. Dependiendo de la respuesta será el monto que tengas que ahorrar.

En México la gran mayoría de las pensiones para el retiro están ligadas al trabajo y a que se hayan hecho aportaciones a algún instituto de seguridad social como el IMSS o el ISSSTE.

Esto significa que si trabajas por honorarios-independiente-empresario etcétera, que no se haya inscrito voluntariamente al IMSS, desafortunadamente tendrás que arreglártelas por tu cuenta, así hayas trabajado por los siglos de los siglos.

Si durante el tiempo que estuviste trabajando, eras asalariado e hiciste aportaciones al IMSS, fuiste trabajador del Estado (y por tanto estás afiliado al ISSSTE) o si pertenecías a alguna paraestatal como PEMEX o en algunos casos a algunas universidades públicas, "puedes" tener derecho a una pensión.

Digo "puedes" pues no es automático ni a fuerza, ojo, cada sistema tiene sus requisitos y si no se cumplen, no hay pensión.

Por si esto no fuera suficientemente complicado, en el sistema de pensiones para los trabajadores privados (es decir todos los que cotizan al IMSS) hay un "antes y un después" que define cómo es que se van a jubilar.

Todos los que empezaron a trabajar y cotizar al IMSS antes del 1 de julio de 1997 pueden elegir entre dos opciones: una pensión del IMSS o su cuenta individual en su afore.

La primera es un porcentaje de su salario que se les entrega mensualmente en la jubilación, que se fija de acuerdo a la edad de retiro y los años que cotizaron —que más adelante explicaré. Es mejor conocida como la "Ley del 73".

Tu segunda opción, y normalmente ese es el orden de elección —ya verás por qué cuando conozcas las diferencias— es que te quedes con el ahorro que logres reunir en la afore de tu cuenta individual el tiempo que trabajes.

5. ¿Qué es la Ley del 73?

Es la versión de la Ley del Instituto Mexicano del Seguro Social, donde estaban las reglas para el régimen de pensiones que existía antes de 1997, que fue cuando se cambió a afores.

Se pueden jubilar por este régimen todas las personas que hayan empezado a trabajar y cotizar al IMSS antes del 1 de julio de 1997 y lo hayan seguido haciendo después de esta fecha. Los requisitos para esta pensión son:

> ✓ Reunir al menos 500 semanas de cotización (un poco menos de diez años).
> ✓ Tener por lo menos 60 años cumplidos, aunque si la quieres toda debes tener 65.
> ✓ No tener más de cinco años inactivo al momento de reclamar la pensión (si no lo cumpliste no todo está perdido, hay manera de recuperar tus derechos, en las próximas preguntas lo encontrarás).
> ✓ El IMSS, mes con mes paga esta pensión (o sea, cuando estés jubilado, cualquier trámite y reclamación: con ellos).

Ahora lo que a todos les interesa, ¿de cuánto estamos hablando?

En la pensión del IMSS los factores que determinan el monto que nos dan mensualmente son la edad a la que te retiras, el total de semanas que cotizaste al IMSS y el salario base de cotización, que en español de los mortales es el que le reportaron al IMSS en el aviso de alta obligatoria y no el que aparece en tu cheque de nómina.

Esto es muy importante porque si tu jefe te inscribió con un salario menor, la pensión va a ser respecto a ese salario, no al que cobrabas cada quincena.

Otra limitante es que está topado a 25 salarios mínimos, es decir $43 095 en el 2010. Si ganabas más que eso, la proporción que te den va a estar calculada sobre ese límite...

así que igual vas a tener que hacer cuentas para saber cuánto necesitas para completarlo.

También se toma en cuenta si tienes familiares que sean tus dependientes económicos, por lo que te dan 15% más, o si estás solo, recibes una "ayuda de asistencia" que equivale a 10% adicional.

Todo este relajito lo pueden encontrar en los artículos 167 a 171 de la Ley del Seguro Social de 1973. Está un poco enredado calcular cuánto te toca por pensión del IMSS, pero para los que estén muy interesados pueden encontrar una explicación paso a paso en la etiqueta de "retiro" del blog del Pequeño Cerdo Capitalista, en la que nos asesoraron los especialistas de turetiro.com.mx

Lo que tienes que saber es que los factores que más pesan son el total de semanas que cotizaste - aunque 500 son las obligatorias para tener derecho a pensión, entre más semanas adicionales tengas, más posible será que te acerques a una pensión de 100% del promedio salarial que recibiste en los últimos 5 años-, y la edad de retiro.

Regresando a la edad, que es el meollo del asunto, en este sistema quienes se retiran a los 65 años obtienen 100% de su salario base de cotización. Puedes pedir tu jubilación desde los 60, el único detalle es que entre más joven lo hagas, menos te toca. Éstas son las posibilidades:

Años cumplidos en la fecha en que se solicita la pensión	Porcentaje del salario base que tendría como pensión si el trabajador hubiera alcanzado los 65 años (%)	¿Cuánto recibiría alguien a quien como cálculo de pensión le salieron $15000, de acuerdo con su salario base de cotización de los últimos 5 años y a sus semanas de cotización?
60	75	$11 250
61	80	$12 000
62	85	$12 750
63	90	$13 500
64	95	$14 250
64 con seis meses y un día (no es broma, así está en la Ley)	100	$15 000
Fuente: Artículo 171 de la Ley del Seguro Social de 1973.		

¿Por qué los que pueden elegir prefieren la pensión del IMSS?

Primero porque en términos generales el monto es mayor —entre 75% y 100% de tu salario, cuando en las afores será entre 30 y 60%—, y segundo porque el número de años que tienes que estar cotizando son menos de la mitad que en el nuevo sistema.

De cualquier modo, como este sistema toma en cuenta el "salario base de cotización" y no el cheque que recibes cada quincena, hay que ahorrarle por tu cuenta si quieres mantener el mismo nivel de gastos cuando te retires.

Si sabes que te vas a retirar por Ley 73 no esperes a que tengas 60 años para revisar si todo está en orden. Asegúrate que durante tu vida laboral tus patrones te tengan inscritos con el salario que te corresponde, que efectivamente paguen las cuotas al IMSS y que estén todas las semanas que trabajaste.

Vale la pena pedir al IMSS que hagan un rastreo de tus semanas de cotización, para que estés seguro que no "se haya caído el sistema" y se hayan perdido algunas porque además cada semana adicional aumenta los beneficios.

Puedes obtener una constancia en su página de internet: www.imss.gob.mx o darte una vuelta al área de Afiliación del IMSS.

Obviamente para saber si están bien tus semanas de cotización necesitas conocer cuántas deberías de tener. Si ya no te acuerdas ahí te van algunas pistas:

1.-Determina cuándo te inscribieron por primera vez al IMSS. El año de ingreso son el cuarto y tercer dígito de tu número de seguridad social.

2. Recuerda el mes de tu afiliación y cuenta las semanas que hay desde ese momento hasta el retiro.

3. Réstale todas las semanas de los periodos en los que no trabajaste o al menos no en empleos donde te dieran IMSS.

Si tus números no concuerdan con los que te dieron en el IMSS, solicita una búsqueda manual de semanas de cotización en el área de "Afiliación". Puede ser que algunas sean de antes de 1982, cuando todavía no estaban en un sistema electrónico, sino en papel.

¿Y si no cumplo los requisitos?

Si no cumples los requisitos para la pensión del IMSS y no puedes recuperar tus derechos (lee más adelante sobre qué pasa cuando dejas de trabajar) el IMSS te va a emitir una "Negativa de Pensión" y con ella puedes retirar en una sola exhibición lo que hayas reunido en tu afore desde 1997.

6. ¿Qué son las famosas afores?

Son simplemente las instituciones financieras que resguardan e invierten tu ahorro para el retiro en cuentas individualizadas, para entregártelo cuando cumplas 65 años —aunque también las puedes recibir antes por motivos de incapacidad o después de los 60 años cuando ya no puedas conseguir trabajo.

Su nombre completo es: "Administradoras de fondos de ahorro para el retiro", se crearon en 1997 y hay catorce para escoger, más el PensionISSSTE (o al menos ése era el número hasta abril del 2011).

Si empezaste a trabajar después del 1 de julio de 1997 —igual aún estabas en la primaria— te vas a jubilar con lo que logres ahorrar en tu afore, que temo desilusionarte, pero tampoco será suficiente. Vas a tener que ahorrar por ti mismo para no estar tan apretado en la vejez.

Al momento del retiro tienes que ir al IMSS y allá te van a decir cómo te van a dar tu ahorro para el retiro, de acuerdo con lo que hayas logrado reunir. Hay cuatro posibilidades:

✓ Si tienes un buen cochinito en tu afore, te va a tocar una **"renta vitalicia"**. Se contrata con alguna de las aseguradoras autorizadas por el IMSS y es un monto mensual de por vida.

✓ La segunda opción es un **"retiro programado"**, que es un monto más grande que la renta vitalicia, pero sólo por un determinado número de años, si sobrevives ya corre por tu cuenta. Se contrata con la afore.

✓ La tercera opción es la **"pensión mínima garantizada"**, que es una especie de "colchón" de este sistema, en el que si no logras reunir aunque sea un monto que alcance para darte un salario mínimo mensual al mes, el gobierno federal te dará esa cantidad en la jubilación, PERO el requisito es que al menos hayas cotizado al IMSS 1250 semanas (24 años, ahí nomás).

✓ Y ya si de plano tu ahorro es muy raquítico, con la "negativa de pensión" que emite el IMSS, puedes retirar en "una sola exhibición" todo lo que tengas en tu cuenta individual.

En los tres primeros casos lo que conforma la pensión son "Retiro", que es el 2% de la cuenta; cesantía en edad avanzada y vejez; la cuota social y el Infonavit a partir de 1997 si nunca pediste crédito. Sin importar cómo te retires tus aportaciones voluntarias se te entregan en una sola exhibición.

En México hay más de 40 millones de cuentas individuales en las afores

Fuente: Consar.

7. ¿Por qué cambiaron de Ley 73 a afores?

La respuesta corta es que simplemente no alcanzaba para pagar las pensiones del otro sistema. Esto tiene dos razones:

a) México pasó de ser un país con muchos trabajadores activos, que con sus aportaciones pagaban las pensiones de unos cuantos jubilados, a uno con muchos retirados y pocos trabajadores que cotizaran al IMSS. Al tener pocos "financiando" a muchos, llegó el punto en que las cuentas ya no salían.

¿Cómo sucedió? Con el famoso cambio en la pirámide demográfica. Antes de los setenta la gente tenía bebés al por mayor y cada vez había más gente joven que pudiera trabajar, y que con sus cuotas pudiera cubrir a la generación anterior. Por eso al sistema de pensión que existía antes de las afores también se le llama "régimen solidario". Cuando la pirámide se convirtió en "panqué", la tendencia se comenzó a revertir y cada vez las familias tenían menos hijos, el asunto se complicó porque ellos aportaban para las jubilaciones de los anteriores pero, ¿quién iba a pagar las de ellos?

b) Además, al IMSS "se le olvidó" hacer las reservas suficientes de todas las aportaciones para pagar las pensiones cada año e invertirlas, y ese dinero se fue a otras cosas como construcción de hospitales, centros deportivos y demás proyectos. Entonces, evidentemente en un punto ya no alcanzaron para solventar los derechos de los jubilados.

Cuando el mismo dinero de los trabajadores no alcanza para pagar las pensiones de cada uno de ellos, ¿quién las paga? El gobierno con nuestros impuestos (porque de ahí vienen sus recursos). El problema es que esto no puede ser permanentemente porque si no tiene que reducir lo que destina a otros rubros como educación, salud, infraestructura, etcétera, y además llega un punto en el que es insostenible.

Entonces, la solución que encontraron fue justamente hacer la reforma de 1997 para que en el futuro cada trabajador pagara su propia pensión, con recursos que se irían directito a una cuenta y se invirtieran para que aumentaran su valor.

Otra razón para cambiar de sistema (que no es estrictamente financiera) es que al ser un sistema de "derechos", con la Ley 73 muchos trabajadores y especialmente las mujeres, se quedaban sin pensión al separarse de un empleo afiliado al IMSS, y sus aportaciones se perdían. Eso ya no pasa con las afores porque tienes una cuenta a tu nombre, que puedes reclamar a los 65 años y te vas con lo que tú hayas ahorrado. Si quieres saber más revisa la respuesta a "¿Qué pasa con el dinero de mi afore si dejo de trabajar?"

8. ¿Puedo tener pensión del IMSS y de mi afore?

No. En México nadie puede tener dos pensiones y los que pueden elegir entre IMSS y afores deben decidir si se quedarán con melón o con sandía al llegar a la jubilación.

¿Esto por qué? En principio ambos sistemas se iban a fondear con las aportaciones de los trabajadores, ya en la práctica por muchas razones no alcanzó.

Al momento del retiro, parte de las aportaciones de 1997 en adelante de los que se van a jubilar por Ley 73 se regresan al IMSS para pagar su pensión y el faltante —que es un buen boquete— se paga con nuestros impuestos. Esta parte es la "subcuenta de cesantía en edad avanzada y vejez", que más adelante sabrás qué es.

Si las personas aparte de recibir la pensión del IMSS, se llevaran lo de su cuenta individual en la afore sería impagable y no muy justo para los que sólo van a tener afore.

Eso sí, hay una parte del dinero en su afore que "se pueden llevar" aún si se jubilan por ley de 1973, que además te dan en una sola exhibición. Estos recursos son la subcuenta de vivienda (si es que no pidieron crédito Infonavit); lo que hayan acumulado entre 1992 y 1997 en el famoso SAR 92-97 (aunque sólo si se jubilan hasta los 65 años, antes no aplica); su ahorro voluntario y el 2% que corresponde a retiro.

9. ¿Y si trabajo por honorarios?

Una de las desventajas de trabajar por honorarios es justamente la falta de prestaciones, incluidas las de retiro. La buena noticia es que la puedes obtener voluntariamente y de hecho este ahorro es deducible de impuestos.

Algunas afores ofrecen sus servicios a "trabajadores independientes" y para inscribirte sólo basta que vayas a sus oficinas o que les llames y les pidas que te manden un agente, para que te haga el trámite en tu casa, oficina o donde prefieras.

Para saber a quién escoger y exactamente qué es lo que ofrecen observa el bonito cuadrito que aparece en la página de la Comisión Nacional del Sistema de Ahorro para el Retiro (Consar)

Servicios para Trabajadores Independientes

Servicios / Afores	I. Servicios en Ventanilla				II. Servicios por Internet				
	Número de Ventanillas para:			Estados de la República en los que la Afore tiene Ventanilla	Consultar tu saldo y/o tu estado de cuenta	Depositar tus aportaciones voluntarias vía electrónica	Retirar tus aportaciones voluntarias vía tranferencia electrónica	Recibir tu estado de cuenta vía correo electrónico	Convers. en línea con un representa. de la Afo (CHAT)
	Registrarse y realizar consultas	Realizar depósitos y retiros	Consultar tu último estado de cuenta						
Bancomer	69	1,672	69	32	✓	✓ (a)	-	✓	✓ (d)
Profuturo GNP	47	4,859	47	28	✓	✓ (b)	✓ (c)	✓	-
Banorte Generali	59	968	56	23	✓	✓	-	✓	-
Coppel	497	497	497	32	✓	-	-	✓	-
Afirme Bajío	2	2	2	2	✓	-	-	✓	-
Metlife	1	1	1	1	✓	-	-	-	-
Banamex	144	1,434	144	32	✓	✓ (e)	-	✓	-
Azteca									
HSBC									
Inbursa									
ING			Por el momento, no ofrecen el servicio para trabajadores independientes						
Invercap									
Principal									
XXI***									

Afore con mayor Cantidad de Servicios ↑ ↓ *Afore con Menor Cantidad de Servicios*

✓ Sí ofrece el servicio   - No ofrece el servicio

***Afore XXI ofrece el servicio para trabajadores independientes exclusivamente para los adultos mayores participantes del Programa "Joven Emprendedor Rural y Fondo de Tierras". Actualmente, Afore XXI tiene 78 oficinas de atención al público para registrarse, 2,059 ventanillas para realizar depósitos y retiros, 78 oficinas para consultar el último estado de cuenta por internet, así como el servicio de envío de estado de cuenta.

(a) El depósito de aportaciones voluntarias sólo se puede realizar a través de BBVA Bancomer a tu cuenta Afore Bancomer.
(b) El depósito de aportaciones voluntarias se hace através de BBVA Bancomer, Banamex y HSBC a tu cuenta Afore Profuturo.
(c) El retiro de aportaciones voluntarias se puede transferir a cualquiera de los siguientes bancos BBVA Bancomer, Banamex, HSBC, Santander e Inverlat.
(d) Horario CHAT Bancomer; 10:00 a 18:00.
(e) El depósito de aportaciones voluntaria se puede realizar desde cualquier cuenta de depósito Banamex a la cuenta de Afore Banamex que se designe como destino, a través de (Banamex.com/Bancanet/Pago a terceros).
Fuente: www.consar.gob.mx (información a julio de 2010).

Pocos de los que trabajan por honorarios se preocupan por este tema y la verdad es que son de los que más deberían pensarlo. Al igual que un asalariado, en algún momento serán viejitos y van a necesitar jubilarse o pueden tener una emergencia médica y no preveerlo puede hacerles la vida de cuadritos.

Así como puedes afiliarte voluntariamente a las afores, puedes hacerlo para atención médica con el IMSS, como opción a los seguros de gastos médicos mayores privados.

Volviendo a lo del retiro, si no te laten mucho las afores también puedes contratar un plan de pensiones con una aseguradora o una sociedad de inversión para ahorrar para tu jubilación.

Eso sí, es importante que el producto que elijas esté autorizado por la Secretaría de Hacienda, la Comisión Nacional de Seguros y Fianzas o la Comisión Nacional Bancaria y de Valores como planes para el retiro, para que los puedas deducir de impuestos.

10. ¿Ahorrar para mi retiro puede reducir mis impuestos?

Sí. Como lo lees, la temida y no siempre generosa Secretaría de Hacienda puede ser tu "patrocinador" principal en la jubilación, incluso por casi un tercio del dinero de tu retiro. Nada mal, ¿verdad?

Para los desconfiados, déjenme decirles que para esto no se necesitan coyotes ni palancas, solamente leer un poquito de la Ley del Impuesto sobre la Renta. El artículo 176 tiene todas las "deducciones personales" que están permitidas y una de ellas es justamente las aportaciones para el retiro.

Ahora, ¿cómo que Hacienda puede poner casi un tercio? El dinero que ahorres para tu retiro es libre de impuestos porque se resta a tus ganancias del año para el cálculo de lo que tienes que pagarle a "Lolita", que en las tasas más altas pueden llegar a ser hasta de 30%. Con esta deducción puedes elegir entre abonarle esa tasa a la federación o a ti mismo para cuando tengas 65 años.

¿Cómo funciona? Cuando vas a hacer tu declaración anual tu contador le resta a tus ingresos brutos todas las deducciones que tengas y sobre este monto calcula tus impuestos. Entre más deducciones tengas, más pequeña es la "base" sobre la que se cobran y pagas menos.

Tomando un ejemplo simplista, sin todos los tecnicismos de los contadores, esto pasaría:

	Caso 1: Impuestos sin deducciones	Caso 2: Impuestos deduciendo el ahorro para el retiro
Total de ingresos acumulables	100	100
Deducciones	0	10
Base anual del impuesto	100	90
Tasa	30%	30%
Impuestos totales	30	27

Además, como ya te hicieron retenciones en el año, igual hasta te toca que te hagan alguna devolución y ese mismo dinero lo puedes meter a tu ahorro para el retiro y volver a reducir tus impuestos al año siguiente.

El beneficio de estas deducciones claramente lo verás cuando puedas ser un viejito gastalón, pero también en el presente con lo que ahorras en cada declaración anual.

El ahorro para el retiro es además una de las deducciones más poderosas. La subdirectora de una afore me contó que antes de hacer deducible su ahorro para el retiro ella pagaba muchos más impuestos que uno de sus colegas.

Con todo y que ella deducía los gastos médicos de sus hijos y el transporte escolar, a él siendo soltero ¡hasta le llegaban devoluciones! El secretito era simplemente que él depositaba en su afore cada año un monto de hasta el tope de deducibilidad.

¿Cuánto es el máximo?

Tú puedes ahorrar lo que quieras para el retiro, pero el tope para la deducción de impuestos es 10% de tu salario anual o cinco salarios mínimos anuales de la zona geográfica donde vivas, lo que sea menor. En 2010, esto equivalía a $104 864 en la Zona A. Si pagaras una tasa de 30% de impuestos, digamos que Hacienda amablemente te estaría disparando 31 459 pesitos, nada despreciables.

Eso sí, no se vale hacerlo abajo del colchón, en el tarro del cambio de la cocina o en una cuenta secreta en las islas Caimán. Si quieres que sea deducible necesitas hacerlo en tu afore, en un plan personal de retiro de una aseguradora, un banco, una casa de bolsa o un fondo de inversión autorizado por el SAT exclusivamente para este fin.

Mucha gente ahorra por su cuenta —o dice que lo hace o algún día lo hará—, pero utilizar los productos autorizados es más redituable porque con el puro beneficio fiscal es como si estuvieras ganando un súper rendimiento adicional, contra cuando no lo deduces.

Igual 10% de tus ingresos suena muchísimo, pero lo puedes ir juntando poco a poco en el año, echar mano del reparto de utilidades, la caja de ahorro, incluso del aguinaldo porque la periodicidad no importa, sólo necesitas depositarlo antes del 31 de diciembre para que cuente en la declaración de ese año.

Igual en Navidad es un regalo menos, pero en mayo te vas a adorar cuando te llegue la devolución de impuestos.

¿Y si se me pasó diciembre ya no puedo reducir mis impuestos ahorrando para el retiro?

¡Sí!, todavía. Si se te fue el avión durísimo y olvidaste hacer ahorro para el retiro el año anterior a la declaración o simplemente ganas tantos millones que rebasas en mucho el tope de deducibilidad para ahorro voluntario, todavía tienes otra alternativa: los estímulos fiscales del artículo 218 de la Ley del Impuesto sobre la Renta.

Con ellos puedes deducir hasta $152 000 de cualquier plan personal de retiro de estímulos fiscales y lo puedes abrir hasta el día de presentar la declaración anual (a más tardar el último día de abril), claro siempre que tu contador lo alcance a ingresar.

La diferencia con haberlo hecho el año pasado es que con los estímulos fiscales, sí te cobrarán impuestos sobre la lana que ahorraste cuando retires a los 65 años, pero al menos este año ya te hizo un paro y sigues sumando para tu jubilación.

Entonces por fin ¿quién quieres que se quede con ese dinero Hacienda o tú mismo, versión bodas de diamantes?

11. Como es mío, ¿puedo sacar mi ahorro para el retiro cuando quiera?

El dinero que está en tu afore sólo lo puedes sacar cuando tengas 65 años o 60 mínimo, si se trata de casos de "cesantía en edad avanzada", es decir que te hayan dado las gracias en el trabajo y sea complicado que encuentres otro. Sólo puedes reclamarla cuando llegues a esa edad o pasa a tus beneficiarios si andas de pachanga con San Pedro antes de eso.

¿Por qué? Precisamente porque es exclusivamente para que tengas dinero para mantenerte cuando te retires... y porque si no muchos ya hubieran dejado su cuenta en ceros, (ya lo estabas pensando, ¿verdad?) y entonces adiós protección para la vejez.

Hay solamente dos excepciones: los retiros por desempleo y por matrimonio.

En el primer caso puedes sacar mínimo 30 y máximo 90 días de salario base de cotización (el salario que reportan al IMSS). Puedes recurrir a él si tienes tres años de cotización al IMSS y puedes solicitarlo cada cinco años únicamente.

Lo único que necesitas para tramitarlo es el "certificado de Baja del Trabajador Desempleado" del IMSS, que te lo dan a partir del día 46 de desempleo. Con él vas a tu Afore y te dan los recursos en máximo cinco días hábiles, así que el numerito completo es un mes y 21 días, más o menos.

Utilizar el retiro por desempleo tiene sus contras: disminuye el monto que recibirás al jubilarte por lo que sacaste, pero además porque disminuye el monto sobre el que se generan intereses mes con mes. Otro inconveniente es que te descuenta semanas de cotización, que son importantes para tus opciones de pensión o en caso extremo para que recibas la pensión mínima garantizada.

Puedes reponer las semanas de cotización descontadas con ahorro voluntario, pero la verdad la verdad, la mayoría hace el retiro pero casi nadie se acuerda de regresarlo.

Es por esto que si no es tu única y última opción, mejor no lo retires.

> **Un millón doscientos mil** retiros por desempleo se registraron en 2009, durante la crisis financiera global, el doble que en 2008.
>
> Fuente: Consar.

Retiro por matrimonio

El retiro por matrimonio sólo aplica una vez en la vida (lástima por los que anden en segundas o terceras vueltas) y es una cantidad fija que equivale a un mes de salario mínimo vigente en el D.F., que en 2011 era más o menos $1 818.

Lo pueden pedir aunque la boda ya haya pasado, siempre que se hayan casado después del 1 de julio de 1997.

El documento para este trámite es la "Resolución de Ayuda de Gastos de Matrimonio", también se solicita en el IMSS y tras la entrega tu afore te debería dar los recursos en máximo cinco días.

Este retiro no te descuenta semanas de cotización, pero si no es misión imposible pagar las arras o el microondas de su nuevo nidito de amor —porque no alcanza para más—, lo mejor es que dejes el dinero quietecito en tu afore ganando intereses para cuando ambos sean "adultos en plenitud".

12. ¿De cuánto podría ser mi pensión con las afores?

Los que nos vamos a retirar por afore si no hacemos ahorro voluntario y además usamos nuestro crédito Infonavit solamente recibiremos 36% de nuestro salario al retirarnos, de acuerdo con estimaciones de un estudio de la OCDE y la consultora Mercer. El porcentaje puede subir a 50% o 60% si prefieres no comprar casa con lo del Infonavit y sumas a tu pensión esos recursos, de acuerdo con los cálculos que la Consar presentó hace algunos años.

Estos cálculos aplican para las personas que cotizaron constantemente las 1 250 semanas (24 años), que son las que se establecieron en la nueva Ley. Esto tiene una buena y una mala.

La buena —como diría Pablo Magaña, quien ha trabajado en el sistema desde sus inicios— es que la vida laboral de una persona terrenal es de 40 años; es decir, de los 25 a los 65 años, entonces "podrían" alcanzar montos superiores.

La mala, es que puede que muchos años no hagamos aportaciones para nuestro retiro todo ese tiempo y el porcentaje sea incluso menor, porque en México pasamos frecuentemente de trabajos formales con IMSS a otros por honorarios, o ¡peor! en los que nos pagan "por afuera" ya sea sin prestaciones o donde nos tienen dados de alta con un salario menor, o por periodos de desempleo.

Los especialistas en retiro estiman que en la vejez necesitarás entre 60% y 70% de tu sueldo para tus gastos de cada mes, así que hay que meterle al cochinito si no queremos acabar como en *El coronel no tiene quien le escriba*, haciendo sopas de piedras hervidas en agua.

¿Por qué es tan poquito? Porque a tu afore únicamente se va 6.5% de tu salario cada mes y el extra son los rendimientos que se generen. Si únicamente aportas lo obligatorio y no le metes voluntario no hay magia. Tampoco se trata de la multiplicación de los panes.

Otra razón para que la pensión que se generará con este sistema no sea tan abundante como nos gustaría es que están más diseñados para quienes ganan menos de 25 salarios mínimos.

Cuanto antes empieces a ahorrar para el retiro, más crecerá tu cuenta por el efecto de los rendimientos. A eso se refieren los financieros cuando dicen: "El tiempo es dinero". Y hablando de tiempo, también cuenta la edad en la que te retires, entre más joven te jubiles más tienes que ahorrar.

Veámoslo con un ejemplo de una familia, padre e hija:

¿Y si quisieran adelantar el retiro a los 60 años?		
	Héctor, el papá (55 años)	Alejandra, la hija (25 años)
Monto total que necesitarían ahorrar	$2 649 047	$2 649 047
Lo que ya tenían ahorrado (en su afore, por su cuenta, etcétera)	$200 000	$30 000
Tasa real anual que puede ganar su ahorro para el retiro*	3%	3%
Lo que les falta para ahorrar (con recursos propios más las aportaciones a su afore y etcétera), descontando lo que ya tenían	$2 449 047	$2 619 047
¿Cuánto tienen que ahorrar al mes para alcanzarlo?	**$13 587**	**$2 233**
¿Cuánto les costaría en total?	$1 630 440	$1 071 840
¿Cuánto se generaría solo en rendimientos?	$1 018 607	$1 577 207
* El rendimiento histórico de las afores ha sido alrededor de 7%, tomando una inflación promedio de 4% anual el rendimiento real sería 3%.		
Fuente: Elaboración propia con información de los simuladores de la Consar, Saber Cuenta de Banamex y consultas con los actuarios.		

Igual parecen muchos numeritos, pero lo único que realmente tienen que ver son las tres últimas filas. Obviamente para el papá sería mucho más caro que para su retoño y esto se explica por el peso que tienen los rendimientos: como Alejandra tiene más tiempo para generarlos, tiene que ahorrar menos.

¿Cuánto deberían ahorrar para retirarse a los 65 años y tener $15 000 mensuales de pensión?		
	Héctor, el papá (55 años)	Alejandra, la hija (25 años)
Monto total que necesitarían ahorrar	$2 102 628	$2 102 628
Lo que ya tenían ahorrado (en su afore, por su cuenta, etcétera)	$200 000	$30 000
Tasa real anual que puede ganar su ahorro para el retiro *	3%	3%
Lo que les falta para ahorrar (con recursos propios más las aportaciones a su afore y etcétera), descontando lo que ya tenían	$1 902 628	$2 072 628
¿Cuánto tienen que ahorrar al mes para alcanzarlo?	$30 788	$3 523
¿Cuánto les costaría en total?	$1 847 280	$1 479 660
¿Cuánto se generaría solo en rendimientos?	$255 348	$622 968

* El rendimiento histórico de las afores ha sido alrededor de 7%, tomando una inflación promedio de 4% anual el rendimiento real sería 3%.

Fuente: Elaboración propia con información de los simuladores de la Consar, Saber Cuenta de Banamex y consultas con los actuarios.

Los actuarios dicen que a ojo de buen cubero, si te retiras a los 60 años necesitarás entre $175 y $200 por cada peso que quieras recibir al mes como pensión y alrededor de $140 si esperas para jubilarte hasta los 65. Estos son cálculos de "rentas vitalicias" y varían de aseguradora a aseguradora, pero es una buena referencia. Suena enredado, pero en realidad es muy fácil.

Si quieres calcular cuánto necesitas ahorrar para la pensión que quieres:

Ahorro para jubilarte a los 65 años = 140 x el monto mensual que quieres.

Ahorro para jubilarte a los 60 años = 175 por el monto que quieres.

Ver números con tantos ceros juntos puede ser un poco apabullante, incluso espantarte las ganas de empezar a ahorrar, pero Roma no se hizo en un día, comienza con lo que puedas, que al fin ya vimos que entre más tiempo lo inviertas más ganas, y estarás más cerca. Además, acuérdate que estos cálculos son entre lo que ya estás ahorrando obligatoriamente en tu afore y lo que tendrías que abonar por tu cuenta.

13. ¿Cómo le hago para encontrar mi afore?

Es un trámite muy sencillo y básicamente sólo tienes que hacer un par de llamadas y aventarte un clavado a la página de la Consar:

1. Busca tu número de seguridad social (el del IMSS, de la famosa hoja rosa que es con la que te dieron de alta), si no tienes ni idea de dónde está ni qué es, pídelo a los de recursos humanos. Normalmente viene en tus recibos de pago.
2. Marca a SARTel 01 800 50 00 747 y pregunta en qué afore estás. Sólo les tienes que dar el número de seguridad social y tal vez te hagan alguna pregunta de tus datos para saber que no se trata de un vivo que quiere sacar información sobre tu cuenta.
3. Dale una buena peinada a la página de la Consar (www.consar.gob.mx). Revisa la famosa tabla de rendimiento neto, los comparativos de los servicios que ofrecen las afores, cuánto están dando sus planes de ahorro voluntario y hasta si hay sucursales cerca de tu

casa. Escoge la que más te convenza tomando en cuenta todo esto.

4. Llama a la afore que elegiste. Sus teléfonos están en www.consar.gob.mx/ligas_afores/ligas_afores.shtml y diles que te quieres cambiar con ellos. Puedes ir a sus oficinas, pero normalmente es más fácil que manden un agente a tu trabajo a la hora que elijas.

5. Sácale una copia a tu IFE, tu comprobante de domicilio y si tienes, a tu CURP, que es lo único que necesitas para cambiarte, llévalos el día que te visite el asesor y ¡listo! En 45 días deberías estar en la afore que escogiste.

> 28.9% de los trabajadores que tienen afore no se han registrado.
>
> Fuente: Consar, "Cuentas Administradas por las Afores", 2011.

Aparte de no estar en una afore patito y saber en cuál estás, el beneficio de escoger y registrarte es recibir en tu domicilio tus estados de cuenta, al menos tres veces al año. Los necesitas para algunos trámites como el retiro por desempleo o simplemente para que tus beneficiarios sepan exactamente cuánto pueden recibir de tu cuenta individual.

Es mejor ocuparte de esto hoy que descubrir que estabas en la peor a dos minutos del retiro o justo cuando necesitas los papeles.

14. ¿Y si no escogí afore me quedé en el limbo?

Como es una cuenta individual, incluso si nunca elegiste afore la Consar te mandó a alguna, que hoy tiene tu ahorro para el retiro con tu nombre. Cuando entras a tu primer trabajo —y a veces hasta al segundo o tercero— lo último que se te ocurre hacer es escoger afore: entre los de recursos humanos que te piden ochenta papeles, los veinte mil exámenes psicométricos, el nuevo jefe que apenas te está enseñando tus responsabilidades… 99.99% de las personas ingresa a la vida laboral sin elegir quién va administrar sus ahorros para el retiro, bueno, casi.

Y como "en casa del herrero, azadón de palo", yo soy el colmo del mal ejemplo: mi primer trabajo fue de "miss de inglés" y no escogí afore (el mismo empleo en el que fui la bella durmiente del banco).

Mi segunda chamba fue en una revista chiquita de seguros, donde también publicaban información de afores. Ya justo cuando me iba, se me ocurrió preguntar en cuál estaba, pero ni chequé si era buena o mala.

No fue hasta que llevaba un año reporteando en un periódico especializado en finanzas y economía que se me ocurrió localizar mi afore y ¡horror al crimen! Estaba en una de las más patito de las patito. Ese año una afore que empieza con "A" y otra con "I" se la pasaron pelando por ver cuál tenía los peores rendimientos del sistema. Yo estaba en una de ellas.

Ahora me doy de topes porque si me hubiera tomado veinte minutos —es decir cinco para llamar, cinco para revisar la página de la Consar, cinco para hablar a la afore a la que me quería cambiar y cinco para que me visitara el agente en mi trabajo— tendría unos $3 000 o $5 000 más por todo el tiempo que desperdicié en mi administradora Le Cuac. Mi consuelo es que fue menos grave de lo que pudo haber sido porque sólo llevaba tres años trabajando. Ejem, pedrada, ¿hace cuánto empezaste a trabajar y sigues sin saber en qué afore estás?

Antes a los que no escogían los mandaban a las cuatro afores de más bajas comisiones, que a veces tenían rendimientos bastante bajos porque nadie se fijaba cuánto ganaban con las inversiones.

Desde el 15 de marzo del 2008 si no elijes, te mandan en automático a una de las cuatro de más altos rendimientos netos (que se miden con los rendimientos de los últimos tres años menos la comisión anual). Por eso en teoría no deberías estar entre las peores. Si entraste a trabajar antes de esta fecha... ¡Aguas!

De cualquier forma, entre que son peras o son manzanas, si nunca elegiste afore, no sabes o no te acuerdas en cuál estás, mejor revísalo. Es sencillito, sencillito, siguiendo los pasos de la pregunta anterior.

15. ¿Qué pasa con el dinero de mi afore si dejo de trabajar?

Como ya quedamos que tienes una cuenta individual para el retiro, esto significa que pase lo que pase SIEMPRE va a ser TUYA.

En México es muy común que las personas pasen periodos con un empleo formal en el que están afiliados al IMSS, y luego se vayan a estudiar la maestría, se cambien a un trabajo por honorarios, se ganen el Melate y nunca más trabajen, o incluso opten por la maternidad o la paternidad de tiempo completo. Las idas y venidas en las cotizaciones son comunes.

Bueno, pues pase lo que pase el dinero que reuniste durante los pocos o muchos años que cotizaste a tu afore se queda en tu cuenta, sigue generando intereses y le siguen cobrando comisiones. Está bien guardadito para que lo reclames cuando tengas 65 años (sí, hasta los 65).

Evidentemente, si de los 40 ó 45 años de vida laboral que una persona tiene tú sólo hiciste aportaciones cinco años, no te va alcanzar para una pensión que te entregue tu afore en forma mensual, pero al llegar a los 65 años te darán en una sola exhibición lo que hayas reunido.

La idea de la afore es que pueda ser tu ingreso durante la jubilación. En un mundo ideal en el que todos fuéramos hiper responsables y disciplinados, quien deja de cotizar al IMSS por la razón que sea, continuaría haciendo aportaciones para pagarse la pensión que quiere. Pocos lo hacen, pero lo hagan o no, lo que tienen asegurado es que lo que ya ahorraron es de su propiedad.

Por esta razón, si sabes que en el corto plazo vas a dejar de chambear, busca tu afore y elije una que dé buenos rendimientos, para que tus recursos se aprovechen lo más posible y te lleves más a la hora del retiro.

16. ¿Qué pasa con mi pensión del IMSS 1973 si dejo de trabajar?

Como la pensión del IMSS es un derecho y no es una cuenta a tu nombre —como las afores—, hay que cumplir con ciertos requisitos para no perderlo. Uno es justamente la continuidad de las cotizaciones.

Todos los que se van a jubilar por Ley 73 (yo no, snif, snif) pueden dejar de cotizar al IMSS por un periodo equivalente a una cuarta parte de lo que llevan trabajando sin perder su derecho a pensión.

Ejemplo, si tienes veinte años trabajando inscrito al IMSS, cinco años serían lo máximo que podrías dejar de cotizar y que aún así tuvieras derecho a pensión.

Si esto te pasara a los 58, tendrías máximo a los 63 para reintegrarte a un trabajo formal y con prestaciones. Si no, las alternativas son que solicitaras tu pensión, aunque fuera menor a la que recibirías a los 65 años (para ver qué tanto, regrésate a la pregunta 4) y siguieras cobrando por honorarios o que te des de alta de manera voluntaria.

Pero aún si se te pasa el periodo de conservación hay una última oportunidad para recuperar tu pensión: cotizar al

IMSS un año completo, con lo que se reactivan tus derechos y puedes seguir acumulando semanas. Esto lo puedes hacer incluso si te inscribes al IMSS en el régimen voluntario y pagas las cuotas obrero-patronales de tu bolsa, si es que no estás como asalariado.

17. Si ya no estoy en el IMSS, ¿me puedo cambiar de afore, hacer aportaciones voluntarias o recibir estados de cuenta?

El hecho de que tu cuenta esté "inactiva" —que es como catalogan las afores que no reciben aportaciones—, no cambia tus derechos: la afore es tuya y puedes localizarla, consultar saldos, traspasarte, solicitar el retiro por desempleo…

Algunas afores no reciben inactivos, aunque se supone que no se vale. Si te niegan el servicio te puedes quejar en la Consar, pero lo más sencillo es elegir las que tengan mejor rendimiento neto de entre las que reciben aportaciones de "trabajadores independientes" (regresa a la pregunta 7 para ver cuáles son). De paso, aparte de encontrar tu cuenta, puedes empezar a meterle algo para tu retiro.

18. ¿Quién supervisa a las afores?

La ya muy mencionada Consar (Comisión Nacional del Sistema de Ahorro para el Retiro) es la encargada de vigilar diariamente cada peso y centavo de tu ahorro para el retiro, los traspasos, la libre competencia entre las afores, dar información y orientación a los trabajadores y todo lo que tenga que ver con estas instituciones financieras.

Si tienes cualquier problema con tu afore puedes consultarlos por teléfono al 01 800 50 00 747 del SART.

Como se trata también de un producto financiero, otra instancia a la que puedes acudir es a la Condusef (Comisión

Nacional para la Protección y Defensa de los Usuarios de Servicios Financieros), que también ofrecen orientación y manejan las reclamaciones contra todas las instituciones financieras reguladas: bancos, aseguradoras, sociedades financieras de objeto limitado (Sofoles), algunas cajas de ahorro, etcétera. Su página de internet es www.condusef.gob.mx.

19. ¿Cómo puedo comparar a las afores?

El índice de rendimiento neto es la medida oficial. Es un porcentaje, que entre más alto mejor, y se compone así:

> Rendimientos de los últimos 36 meses – comisión sobre saldo a un año= IRN

¿Por qué el rendimiento de tres años en lugar de uno? La teoría de la Consar es que 36 meses es un periodo suficientemente largo para ver si realmente la afore tiene una estrategia de inversión o sólo obtuvo el resultado de chiripa. Sé lo que estás pensando: el promedio de los rendimientos a tres años y comisión a uno suena un poco raro, lo es, pero al menos es una guía si quieres comparar con otras alternativas de inversión para tu retiro, como fondos especializados o seguros dotales a la edad de 65 años.

¿Por qué es importante ver comisiones y rendimiento junto? Una afore puede ser cara pero tener rendimientos extraordinarios y entonces puede valer la pena estar ahí. También puedes encontrar otra súper barata que sea malísima invirtiendo y no conviene o una que esté en el promedio de comisiones y bien en rendimientos, que sea buena opción. Lo que importa al final es cuánto ganas ya sin comisiones.

El IRN se renueva el día 15 de cada mes y lo puedes consultar en la página de la Consar: www.consar.gob.mx

Aunque esta medida es muy importante, también hay otros aspectos relevantes para elegir como: el servicio —si trataste de cambiarte y fue un triunfo, ¡imagínate cuando quieras cobrar tu pensión!—, que el personal esté capacitado, que su página te sirva y sea fácil hacer aportaciones voluntarias. Tómalo en cuenta.

20. ¿Con qué se come eso de "siefore"?

El dinero que te descuentan y que tu patrón pone en tu cuenta individual se tiene que invertir para que tengas más cuando llegues al retiro. Los "fondos de inversión" o "sociedades de inversión" en que se invierte ese dinero específico se llaman siefores (sociedades de inversión especializadas en fondos de retiro).

Cada afore tiene al menos cinco diferentes siefores y además pueden abrir adicionales para invertir el ahorro voluntario de sus clientes.

Cada siefore es para un grupo de edad diferente, porque también manejan diferentes instrumentos y niveles de riesgo —entre más cercano al retiro más conservador—, con la idea de que se vaya adaptando a la etapa de vida de cada trabajador y se puedan optimizar los rendimientos sin exponer tu pensión de más.

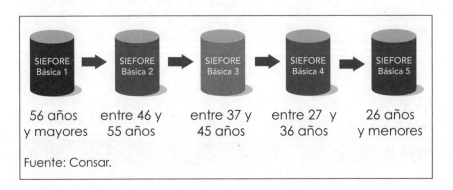

SIEFORE Básica 1	SIEFORE Básica 2	SIEFORE Básica 3	SIEFORE Básica 4	SIEFORE Básica 5
56 años y mayores	entre 46 y 55 años	entre 37 y 45 años	entre 27 y 36 años	26 años y menores

Fuente: Consar.

¿Por qué es importante este tecnicismo? Porque en ocasiones una afore puede ser mejor que otra en cierto grupo de edad y puede que te convenga más. Cuando compares entre afores, asegúrate que estés viendo la siefore adecuada.

21. ¿En qué invierten las afores?

Como se trata del dinero para tu retiro, las afores son muy vigiladas sobre en dónde invierten.

Deben respetar ciertos límites que en conjunto se llaman "régimen de inversión", que varían de acuerdo con la siefore que le toca a cada grupo de edad.

A diario le pasan a Consar el "corte de caja" de cada peso y centavo que tengan en las cuentas individuales y nada de que "nadie sabe, nadie supo" dónde quedaron esos milloncitos.

Hay medidas por diferentes tipos de riesgo, pero las más útiles para saber en dónde está el dinero de tu jubilación son:

Límite máximo por tipo de instrumento	Siefore 1 (56 y mayores)	Siefore 2 (55 a 46 años)	Siefore 3 (45 a 37 años)	Siefore 4 (36 a 27 años)	Siefore 5 (26 y menores)
Deuda	Hasta 100%	Hasta 100%	Hasta 100%	Hasta 100%	Hasta 100%
Renta variable	0%	20%	25%	30%	35%
Instrumentos en divisas (euros, dólares, yenes u otras para índices accionarios)	30%	30%	30%	30%	30%
Derivados	SÍ	SÍ	SÍ	SÍ	SÍ

Límite "geográfico"	Siefore 1 (56 y mayores)	Siefore 2 (55 a 46 años)	Siefore 3 (45 a 37 años)	Siefore 4 (36 a 27 años)	Siefore 5 (26 y menores)
Valores extranjeros	20%	20%	20%	20%	20%
Valores locales	Hasta 100%	Hasta 100%	Hasta 100%	Hasta 100%	Hasta 100%

Fuente: Consar.

Eso es en lo que PUEDEN invertir, pero cada una usa los límites de diferente forma. Para saber qué es exactamente lo que tu Afore está haciendo puedes consultar "Diversificación de inversiones" en la página de la Consar: www.consar.gob.mx.

22. ¡Auxilio! Mi afore registró una pérdida, ¿me cambio urgentemente?

Salvo que los signos de "-" sean la constante en tu estado de cuenta, puede que un mal mes no sea razón suficiente para poner pies en polvorosa. Es más, hasta puedes agravar la "pérdida" si sales corriendo en una época de crisis.

¿Por qué pérdida está entre comillas? Porque se trata de pérdidas virtuales o minusvalías: realmente pierdes hasta que sacas el dinero, es decir, si te cambias de afore justo en el peor momento de la crisis, cuando cayeron los precios.

El ejemplo favorito de todos los del sector y el más entendible para nosotros los mortales, es que las minusvalías funcionan como los precios de los bienes raíces: imagina que tienes una casa con un valor comercial de 2. 4 millones. Un día a tu vecino le entra el apuro y como le urge vender su casa, que es igualita a la tuya, la malbarata en 1.2 millones.

Si en ese momento te contagiaras de la loquera y salieras a vender la tuya, la tendrías que ofertar en 1.2 millones y perderías la mitad de su valor.

Pero como a ti ni te urge ni la pensabas vender, te esperas y resulta que tres meses después el vecino del otro lado consigue vender la suya en tres millones. Ahí sí el negocio no saldría tan mal, pero de todas maneras si tú sigues viviendo ahí, tampoco es que tengas más billetes en la mano, sino simplemente que en caso de que la vendieras, podrías obtener un mejor precio por su actual valor en el mercado.

La verdadera ganancia o pérdida ocurre en el momento de la transacción.

Es lo mismo con las afores, como son inversiones a largo plazo (si tienes 25 años este larguísimo plazo son 40 años), un mal mes, o incluso un mal año, puede que no pinte en el total. Claro, a menos que tú agraves la crisis y cada vez que los precios estén por los suelos salgas a vender y "realices" la pérdida.

Por eso si vas a tomar cualquier decisión de cambiarte de afore, lo ideal es que lo hagas en tiempos de estabilidad cuando hay mayor visibilidad de qué tan consistentemente buenas o malas han sido en sus inversiones.

Dicho todo esto, obviamente si mes con mes a tu afore le ha ido mal y ni siquiera le puede cargar el muertito a la crisis, busca una mejor opción ¡pero YA!

23. ¿Puedo usar mi afore para ahorrar aunque no sea para el retiro?

Dentro del ahorro voluntario en afores hay tres variantes, en las que pueden aportar tú o tu patrón:

"Aportaciones voluntarias complementarias de retiro", que son deducible de impuestos y no las puedes tocar antes de la jubilación, así lo pida el presidente de la República, porque por ley sólo se entregan con tu resolución de pensión expedida por el IMSS.

"Aportaciones voluntarias de largo plazo", que pueden ser retiradas cinco años después del primer depósito o el último retiro, y también pueden hacer uso del beneficio fiscal.

"Aportaciones voluntarias de corto plazo", donde lo que hayas depositado puede retirarse cada dos o seis meses, dependiendo de la afore en la qué estés. Es como un fondo de inversión de mediano o largo plazo.

¿Qué implica que sea de mediano o largo plazo? Que idealmente si lo vas a usar para ahorrar e invertir para algo distinto a tu retiro, debe ser por periodos mayores a tres años. Al menos eso es lo que recomiendan los directores de inversiones de las afores.

¿Por qué? Como su objetivo es el retiro, o sea un larguísimo plazo, los instrumentos que escogen también están orientados a este fin y son más volátiles. Las afores han tenido rendimientos históricos de 7% y han tenido años muy buenos con 15% pero también malos de 3% y hasta meses en negativo.

Sus portafolios tienen horizontes de entre 10 y 20 años, invierten en cosas que igual pueden tener muchas variaciones en el camino, pero al final sus rendimientos serán superiores a alternativas de corto plazo como los pagarés (pero no necesariamente en periodos cortos como un mes, seis meses o incluso un año).

Usarlo o no también puede depender de la siefore en la que estés. Entre más grande sea, es más conservador. Debes revisar si el nivel de riesgo que tienes puede ser adecuado para lo que quieres el dinero. Algunas afores tienen una siefore adicional para aportaciones voluntarias. En cualquier caso vale la pena revisar en qué va a estar invertido tu dinero.

Es muy importante que la meta concuerde con el instrumento que elegiste para alcanzarla y las afores pueden estar entre tus opciones, sólo es cosa de ver si corresponden al tiempo que tienes para invertir.

24. ¿Qué carambas tiene que ver el Infonavit con la afore?

Tu patrón aporta 5% de tu salario para tu fondo de vivienda, para cuando tramites el famoso crédito del Infonavit. Este dinero se guarda en uno de los cajones o "subcuentas" que tiene tu afore.

Si nunca utilizas tu crédito Infonavit, este dinero se suma a tu pensión tanto si te jubilas por Ley 73 o con lo que ahorraste en tu cuenta individual.

Y ya que andamos con este tema, todas las aportaciones para vivienda de 1992 a cuando te retires se depositan en tu cuenta individual, pero las anteriores a esa fecha y hasta 1972 se quedaron en el Instituto. Para recuperarlas necesitas ir a las oficinas centrales del Infonavit, o cualquiera de los Centros de Servicio Infonavit (CESI´s) de la República y solicitar un rastreo. Sus direcciones están en www.infonavit. org.mx, en el vínculo "Más cerca de ti".

¿Qué hay que llevar? original y copia de la identificación oficial, si ya te retiraste, también la constancia de jubilación. Si quienes hacen la reclamación son los beneficiarios, deben llevar el acta de defunción o la constancia de invalidez expedida por el IMSS.

La integración (que es como se llama si aún no te retiras) o la devolución de las aportaciones tarda entre dos y tres semanas.

25. Por cierto, ¿qué es eso del SAR 92?

Este rubro es como el abuelo de las afores. Fue el primer prototipo de ahorro para el retiro en una cuenta individual separado del IMSS. Era una aportación complementaria a la pensión que incluía retiro y vivienda, que teóricamente se entregaría al cumplir los 65 años. Los patrones la depositaban en bancos y duró de 1992 a 1997, de ahí el nombre.

El pequeño detalle es que las aportaciones de ese periodo los patrones las depositaban directamente en el banco de su preferencia. Por eso sólo se pueden transferir a la afore si tienes los comprobantes de esas épocas. Si no los tienes, intenta rastrearlos en el banco.

26. ¿Qué otras cosas hay en mi cuenta individual?

Tu afore tiene tres cajones o subcuentas:

✓ Vivienda. Es la que expliqué en la pregunta anterior, ahí se guarda la aportación de 5% de tu salario que hace tu patrón para el Infonavit.

✓ Retiro. La subcuenta de retiro, cesantía en edad avanzada y vejez: es propiamente donde se guarda el dinero para tu jubilación. Para retiro se va el equivalente a 2% de tu salario y lo aporta tu patrón. "Cesantía en edad avanzada y vejez" se compone por 4.5% de tu salario, donde tu patrón pone 3.150%, tú 1.125% y el 0.225% lo apoquina el gobierno.

✓ Dentro de esta subcuenta también está la "cuota social", que es 5.5% del salario mínimo vigente y se otorga por días laborados, pero es un fondo que se reparte de manera progresiva: los trabajadores de menor salario reciben más y va bajando para los que más ganan, hasta llegar al punto en el que no les toca.

✓ Si empezaste a trabajar antes de la nueva Ley (julio de 1997 por si ya se te había olvidado), en tu cuenta individual también están los recursos del SAR 92.

✓ Aportaciones voluntarias. Ésta es tuya completita, sin importar por cuál régimen te jubiles y pueden aportar a ella tú o tu patrón. El monto es libre, aunque hay un tope de deducibilidad de impuestos de hasta 10% de tu salario o hasta cinco salarios mínimos generales del área geográfica donde vives, lo que sea menor.

27. ¿Y si tengo varias cuentas individuales?

Es posible que en algún punto tuvieras más de una cuenta individual si has laborado en el IMSS y en ISSSTE en distintos momentos de tu vida; si trabajaste para más de un patrón en el ISSSTE; si siendo trabajador del estado abriste una cuenta en una afore para hacer aportaciones voluntarias o si te dieron de alta más de una vez en el IMSS (aunque esto último es más improbable).

Idealmente, sin importar dónde hayas trabajado deberías tener sólo una cuenta que concentre todos tus recursos. Si no, imagina el relajo cuando te retires. Además si te toca retirarte por las afores necesitarías tenerlas unificadas antes para ver realmente cuántas semanas tienes y qué monto alcanzaste, esto puede cambiar tus opciones de jubilación, como se explicó de la pregunta 3 a la 6.

Desde 2007 se están unificando en una sola cuenta todos los recursos del SAR ISSSTE de las personas que tenían afore o que abrieron una después, sin importar si eligieron para su futura jubilación pensionarse con el ISSSTE o cambiarse a la afore de los trabajadores del Estado: Pensionissste.

La unificación "automática" se hace con la CURP, que es la Clave Única de Registro de Población. Si no tienes tu cuenta unificada puede ser justamente porque esto te falte y simplemente hay que contactar a tu afore para pedir el trámite.

Los recursos del SAR ISSSTE antes estaban en bancos, no en afores. Si mientras trabajaste para el Estado tuviste varios patrones diferentes, igual y también hubo diversas instituciones administrando ese dinero. Hay que buscar en los estados de cuenta cuánto era y verificar que esté todo en tu afore. Si no, hay que solicitar la aclaración y la integración.

Tanto para la unificación del SAR ISSSTE como si tenías más de un número de seguridad social, es altamente recomendable que presentes comprobantes de pago, estados de cuenta y todo lo que tengas para facilitar el rastreo.

28. ¿Dónde puedo ahorrar para el retiro?

La respuesta podría ser donde sea, ¡pero hazlo!, aunque utilizar instrumentos específicamente diseñados para este fin te puede dar mayores beneficios, porque son deducibles y sus inversiones están especialmente diseñadas para esa meta de tan largo plazo que es tu jubilación, por lo que deberían darte mayores rendimientos.

En ese caso tus opciones son:

✓ En tu afore. A través de aportaciones voluntarias y los planes de retiro que ofrecen.
✓ En una aseguradora. Puedes comprar un seguro para el retiro que se paga mensual, trimestral o anual, o un dotal a edad 65 años, que además de seguro de vida tiene inversión: si falleces antes de la jubilación a tus familiares o beneficiarios les pagan la suma asegurada y si sobrevives recibes el capital para el que lo contrataste con los intereses.
✓ En sociedades de inversión. Tienen fondos de inversión especiales para retiro, que mes con mes se cargan a tu tarjeta de crédito.

29. ¿Dónde puedo buscar más información?

Seguramente encontrarás muchos foros en internet que a veces informan, pero que la mayoría de las veces son sobre anécdotas o elucubraciones y sólo nortean o confunden más.

Para no errarle y tener datos o respuestas oficiales, dale una buena revisada a:

- La página de la Consar: www.consar.gob. mx
- La página de la Condusef: www.condusef.gob.mx
- La página de Amafore, la de Administradoras de Fondos para el Retiro: www.amafore.org
- La página del IMSS: htto://www.imss.gob.mx
- La página del Infonavit: www.infonavit.org.mx

Y también el sitio de la afore donde estés, algunos tienen chat en línea, así que de paso puedes hacerles consultas en vivo y en directo.

Capítulo 8

Protege *lo que* *más te importa,* para eso existen *los seguros*

Cómo funcionan y cuántos tipos de seguros existen

Curiosamente en México más gente asegura a su coche, que a su familia: el 47% de los automóviles están asegurados, mientras que el número de seguros de vida alcanzarían para proteger únicamente a 29.6% de los 25.29 millones de hogares que hay en el país, de acuerdo con datos de la Asociación Mexicana de Instituciones de Seguros (AMIS) y el Consejo Nacional de Población (CONAPO).

Y, ¿qué podría ser más importante para nosotros que el bienestar y la estabilidad de las personas que más amamos? Este puede ser un síntoma de que necesitamos revisar nuestra protección.

¿Cómo funcionan los seguros?

Antes de entrar en cuáles necesitas te propongo repasar rapidito cómo funcionan, pues gran parte de los malentendidos con las aseguradoras surgen de las expectativas que tenemos sobre ellos. Aunque claro, ellas también tienen lo suyo. Contrario a lo que algunos creen, los seguros no son "recuperadores" de lo que rompimos —eso estaría padre, pero nomás no sería negocio—, sino justamente "proteger financieramente a una persona" ante el riesgo de perder un bien, que le sería difícil reponer por sí sola.

Sus orígenes vienen del comercio marítimo, donde los marineros formaban un fondo para cuando alguno sufriera un accidente con su embarcación y la perdiera o requiriera reparaciones. Ahí nació el concepto de "mutualidad", que tanto suena en este sector.

Otro tema frecuente es que la gente los cataloga como un gasto algo engorroso, porque si los pagó por años y no los cobró "no los desquitó".

Pero en primera, los seguros no son un negocio, jamás te indemnizarán por más de lo que valía tu bien y no están hechos para "desquitarse", sino para protegerte. El mejor y más barato escenario es que el percance no te ocurra (acuérdate que existen los deducibles y cuestan, por ejemplo).

Y en segunda: en realidad son un ahorro. Si "el riesgo" se hiciera realidad, pagarías sólo 10% o incluso mucho menos, del precio total de la reposición.

¿Qué hay que asegurar? Cualquier "bien". En esta palabra cabe cualquier cosa que valores y que te serían demasiado caras o imposible de reponer con tus propios recursos. Puede ser un auto o los ingresos de tu familia si llegaras a faltar.

Hay seguros casi para todo: incluso para mascotas. Suena raro, pero es verídico. En España hay una póliza que incluye responsabilidad civil, gastos veterinarios e indemnización por muerte accidental y en México hay algunas compañías que lo venden como parte de su seguro de hogar, con el que ofrecen una indemnización si el animal muere. Para muchos esto puede ser una exageración, pero si casi quieres más a tu perro que a tus amigos, igual no está tan descabellado.

¿Qué necesitas?

La respuesta depende en qué etapa de la vida estás y qué es lo que más valoras. Evidentemente también hay un asunto de costo, pero hay formas de mantener las protecciones sin que se nos vaya toda la quincena en eso.

En términos generales los seguros de "personas" son cuatro: vida e invalidez, gastos médicos, de automóvil y para la casa.

Abajo hay una tablita con preguntas a las que tienes que contestar sí o no. Dependiendo de la respuesta, verás cuál seguro puedes necesitar o con qué puedes proteger eso que valoras.

Siempre es recomendable que consultes a un agente de seguros, porque él puede analizar mejor tus necesidades y darte recomendaciones sobre qué es lo que realmente te serviría más, pero es para que te vayas dando una idea.

¿Qué seguros necesitas?			
Pregunta	Si respondiste "Sí" necesitas...	No lo necesitas si...	El bien que se protege
¿Vives de tu trabajo?	Seguro contra invalidez.	Heredaste, tienes inversiones/ negocios que generan dinero sin que los supervises (o te ganaste el Melate).	Tu capacidad física, mental y psicológica para desempeñar tu trabajo y generar ingresos para mantenerte. Nota: la capacidad psicológica puede estar excluida en algunas pólizas por su difícil diagnóstico. Verifica.

Si tuvieras una millonaria cirugía de emergencia y una larga estancia en el hospital, ¿estaría fuera de tus posibilidades pagarla?	Seguro de Gastos Médicos Mayores	Tienes un fondo de ahorro suficiente para cubrirlos / Estás afiliado (y dispuesto a ir) al IMSS.	Los medios para restablecer tu salud si llegaras a estar enfermo o tener un accidente.
¿Tienes hijos menores de 18 años o vas a tener pronto?	Seguro de vida o Plan B: un ahorro en el banco que alcanza para entre cinco y diez años de su subsistencia si faltas	No tienes hijos o ya no dependen económicamente de ti.	El sustento de tus hijos, que proviene de tus ingresos (igual si en la pareja ambos trabajan, sería tu parte proporcional).
¿Tu cónyuge depende económicamente de ti?	Seguro de vida o Plan B: un ahorro en el banco que alcanza para entre cinco y diez años de su subsistencia si faltas	No tienes pareja ni perro que te ladre o no depende económicamente de ti y la falta de tu ingreso no desbalancearía la economía de tu hogar.	El sustento de tu cónyuge, que sí proviene de tus ingresos.
¿Tienes familiares que dependen económicamente de ti?	Seguro de vida o Plan B: un ahorro en el banco que alcanza para entre cinco y diez años de su subsistencia si faltas	No hay familiares que dependan económicamente de ti.	El sustento de tus papás, hermanos, familiares con discapacidades etcétera, que sí proviene de tus ingresos.

¿Sigues activo(a) económica- mente?	Seguro contra invalidez/ Seguro de Vida	Si ya te retiras- te. Pero enton- ces requerirás una renta vitali- cia, la afore, pensión del IMSS o ahorros suficientes para subsistir la ter- cera o hasta la cuarta edad.	Los ingresos de los que vives.
¿Tienes carro?	Seguro de automóvil	No tienes coche.	Tu auto y los da- ños que le pue- das ocasionar a terceros con él.
¿Tienes vi- vienda pro- pia o rentas?	Seguro de casa habi- tación	Si vives en un inmueble fami- liar (que no rentas) y al- guien más es el principal responsable.	Tu casa y los da- ños que puedas ocasionarle a los vecinos.
¿Tu profesión puede causarte de- mandas por daños a terceros?	Seguro de Responsabi- lidad Civil (RC) profe- sional	No puedes causar daños a terceros con tu ejercicio profesional.	Tu patrimonio, en caso de que ten- gas que respon- der por algún daño a terceros.
¿Eres empre- sario y tu negocio tie- ne activos fijos? ¿Tus operaciones pueden causar da- ños a terceros?	Seguro de daños	Si tienes ahorros para reponer el equipo e in- demnizar a los afectados o se trata de servi- cios de consul- toría en los que no hay activos fijos.	La continuidad de tu negocio y dependiendo de la constitución de la empresa, tu patrimonio.

Puede que necesites más de los que tienes o de los que pue- des o quieres pagar. En ese caso hay que priorizar y al menos concentrarte en los indispensables.

También se puede dar el caso opuesto: que estés pagando por algo que no requieres y valga la pena hacer una "auditoría" con un agente, para cancelar los redundantes y ahorrarte ese dinero.

El seguro de vida

Mucha de la publicidad para seguros de vida es cursilona, pero no de a gratis. Es el seguro más pegado al "corazón" porque a final de cuentas protege a tu familia o quienes consideras más cercanos.

Cuando compras estas pólizas lo que previenes es que no se las vean negras —al menos económicamente— en caso de que faltes.

La mayoría trabaja muy duro para su familia —esto puede incluir pareja e hijos o también a los papás— pero por más que hagas no puedes garantizar que siempre estarás para ellos. Si no estuvieras, ¿cómo podrían mantenerse?

Para que tengan tiempo de superar el trauma, pagar las cuentas y encontrar una manera de subsistir sin tener que hacer peripecias, los especialistas en seguros estiman que **idealmente** requerirían el equivalente a entre cinco y diez años de la parte de tu sueldo que utilizaban para su gasto mensual. Esto depende de la edad de los niños, la situación de la familia, las posibilidades de que tu pareja genere ingresos y otros factores.

En cualquiera de los casos, ¿tienes en el banco o en inversiones diez años del gasto mensual de tu familia? Difícilmente. Con los seguros de vida puede ser más sencillo y barato cubrirlos: para que vayas sacando cuentas, si quisieras una suma asegurada de un millón de pesos, pagarías $10 000 anuales aproximadamente, puede que sea más fácil que tener todo ese dinero de un jalón.

Al mismo tiempo, si sólo puedes pagar un seguro con el equivalente a un año de tu sueldo en lugar de una década, es mejor empezar con eso y ampliarlo cuando tengas más, que dejarlos sin esa red de seguridad.

Otra buena opción son los seguros básicos estandarizados de vida. El pago anual es accesible -en algunos, sólo unos cientos de pesos anuales- y tienen opciones de sumas aseguradas de entre 100,000 y 300,000 pesos. Un seguro básico estandarizado para una mujer de 30 años con suma asegurada de 300 mil pesos podría contratarse desde 188.7 pesos, dependiendo de la aseguradora elegida. Para buscar tarifas checa en la Condusef: www.condusef.gob.mx y consulta el Registro de Tarifas de Seguros Básicos (RESBA).

¿Qué factores hacen aún más imprescindible un seguro de vida?

✓ Que los hijos sean bebés o niños pequeños.

✓ Que el ingreso familiar se concentre en uno de los integrantes de la pareja. Si está dividido, es recomendable que ambos se aseguren.

✓ Aunque tu cónyuge no labore fuera de casa puede necesitar uno, porque ¿cómo repondrás las tareas de las que hoy se ocupa si tienes que seguir yendo a la oficina? Si tienes hijos pequeños, ¿tendrías que contratar cocinero, niñera, enfermera, chofer...?, ¿o quién haría todo ese trabajal?

✓ Si tus hijos no han acabado la escuela. En este caso el seguro de vida puede estar combinado con un seguro de educación.

✓ Discapacidades de los dependientes económicos.

✓ Si la familia tiene deudas que no se extingan con el fallecimiento.

✓ Carecer de un plan para los gastos funerarios.

Los seguros de vida se pueden manejar de acuerdo con los objetivos, necesidades y presupuestos de los asegurados. Éstos son los tipos principales:

Temporales. Es el más sencillito de los seguros de vida porque es 100% para fallecimiento, por el tiempo específico por el que se contrató.

Si llegaras a fallecer, la suma asegurada se entrega a tus beneficiarios. Si sobrevives, te felicitarán por tu longevidad, pero no te devolverán nada.

En estos seguros no hay "inversión" o "ahorro" que recuperar. Ésta es la parte que no les gusta a muchos, porque sienten que no "desquitan", pero el beneficio es el precio.

Puede contratarse por plazos de uno, cinco, diez o veinte años o edad alcanzada, 60 o 65 años es común. Tú pagas una "prima nivelada"; es decir, exactamente el mismo precio durante todo el plazo de la vigencia, pero cuando se acaba te hacen un nuevo cálculo de acuerdo con tu edad y estado de salud, pues te vuelves "más riesgoso" para la aseguradora.

Como ejemplo, si contratas un seguro temporal a veinte años, cuando tengas 30 vas a pagar el mismo precio anual hasta los 50. Si en cambio tu seguro fuera a cinco años, a los 35 te volverían a calcular la prima, a los 40 te la subirían de nuevo, y así sucesivamente.

Ojo: no todos los seguros temporales son renovables automáticamente. Debes verificar que el tuyo lo sea, si no, cada vez que lo renueves te pedirán los mismos requisitos de la primera vez y el precio también sube.

Estos seguros pueden ser también un plan de emergencia si te quedaste sin el seguro de la empresa (aunque idealmente deberías tener el tuyo de inicio), para conservar la protección si pasas por un momento de escasez o incluso si estás ahorrando para una determinada meta y lo combinas con inversiones en fondos, inmobiliarias, etcétera.

Ordinario de vida. O "vitalicio" para los cuates, porque dura toda la vida del asegurado. Si éste cumple los 99 años y "no ha pasado a mejor vida", pasa a cobrar su cheque con toda la suma asegurada. Ya que esa edad es considerada "muerte técnica" para los aseguradores. Obviamente está condicionado a que pagues puntual la prima anual durante el tiempo del seguro.

Es más caro que el temporal porque es protección, pero también tiene este aspecto de "ahorro", aunque para mí a esa edad ya me parece que es herencia.

Dotales. Es un seguro que si al llegar el plazo contratado sigues vivo, te entregan la suma asegurada; si no, se la dan a tus beneficiarios.

El plazo puede ser 10, 15, 18, 20 y 25 años, o edad alcanzada de 60 o 65. Puede ser para metas específicas como el retiro —en ese caso las primas son deducibles de impuesto, puedes verlas en el capítulo 7— la educación de los hijos o incluso "El viaje de tu vida".

Muchos prefieren dotales sobre otros productos para formar su patrimonio porque se les da la disciplina del ahorro. Francamente si ya la tienes y además le agarraste la onda a las inversiones, con lo mismo que pagarías de primas puedes obtener mejores rendimientos en un buen fondo de inversión, que lo que te dará el seguro. Ya para protección sólo compras uno temporal.

¿De qué depende el precio?

La prima que pagas se determina por:

> ✓ Las tablas estadísticas de mortalidad (o sea entre más joven más barato).
> ✓ Condiciones de salud.
> ✓ Si eres o no fumador. Esto impacta en cómo te calculan la edad. Si no fumas te quitan dos años y sale más barato.
> ✓ Género. Como muchas en la vida real, en los seguros de vida las mujeres "se quitan la edad": las aseguradoras le restan tres años a la edad real que tenemos. La mala noticia es que en gastos médicos esto es al revés:

nos cobran más caro, porque somos más riesgosas, sobre todo si estás en "edad reproductiva".

✓ El monto que quieres que se le entregue a tus beneficiarios, que es la famosa suma asegurada.

✓ Las coberturas adicionales que tenga el seguro como por ejemplo invalidez.

¿Y si no tengo dependientes económicos? Piensa en el seguro de invalidez.

Puede que no tengas ni esposo o esposa, ni pareja ni hijos ni padres que mantener ni hermanos chicos que ayudes, pero hay alguien que depende de ti económicamente: tú mismo.

Si por motivos de salud o incapacidad ya no pudieras trabajar, ¿cómo solventarías tus gastos? La pregunta del millón para los que aún nos creemos jóvenes y bellos y hasta la muerte nos da risa, ¿cierto?

Puede que por el momento no necesites un seguro de vida, pero no lo descartes porque ante un accidente o una enfermedad grave pueden ayudarte a pagar las cuentas si le adicionas una cláusula de invalidez.

La suma asegurada se paga cuando un médico dictamina que debido a un estado de invalidez generado por una enfermedad o accidente no puedes desempeñar ningún trabajo que te permita obtener al menos el 50% de los ingresos que tenías, en un empleo que sea compatible con tus aptitudes y conocimientos.

Por desgracia, en la mayoría de los casos este seguro sólo se vende con uno de vida, así que en ese caso tendrías que considerar un temporal, dotal o vitalicio. Cuando se dictamina la invalidez, el asegurado también deja de pagar las primas, a menos que se recupere o perciba ingresos equivalentes a los que obtenía antes de ese estado.

Seguros de gastos médicos mayores (GMM)

Este seguro es uno de los más complejos para los mortales que no somos agentes. Se los voy a explicar con sus componentes, que encontrarán en negritas. Estas palabritas tienen incidencia en el precio que pagan y en qué estará cubierto.

Como su nombre lo indica es para grades desembolsos que tengas que hacer para restablecer tu salud a causa de un padecimiento o enfermedad.

¿Cómo se define que es mayor? Todo lo que cueste más que el **deducible** y esté cubierto en tu póliza (algunos padecimientos están excluidos).

Idéntico que con los coches, cuando "el daño" a la salud del asegurado no sobrepasa este límite, será él quien absorba el gasto. Es una cantidad fija y puede ser desde $6 000 hasta lo que el asegurado esté dispuesto a desembolsar, con el fin de que no haya mini reclamaciones que sean costosas hasta de procesar.

El deducible no es la única participación del asegurado. En GMM también existe el **coaseguro**, que es un porcentaje que se paga sobre el gasto total, después de aplicar el deducible.

Si tuvieras una operación de $100 000, y tuvieras un deducible de $5 000; proceden $95 000 y si tienes coaseguro de 10% pagas además $9 500. Por lo tanto terminas pagando $14 500 y la aseguradora $85 500.

Tanto el deducible como el coaseguro son elementos para que el asegurado cuide lo que gasta y que en realidad se use lo necesario, pues de lo contrario lo que tendrá que pagar es mayor.

El deducible y el coaseguro están relacionados con la prima: entre más bajos sean, más alto será el precio anual del seguro. Muchos preferirían pagar una prima baja y tener participaciones altas, pero hay que analizar si en una contingencia tendríamos el dinero para cubrirlos.

Para decidir de cuánto queremos el deducible hay que valorar hasta que punto podríamos absorber un gasto médico con el dinero de nuestro bolsillo (¿$6 000?, ¿$7 500?, ¿$10 000?) y si un coaseguro alto o bajo nos conviene. Ambos deben estar considerados en nuestro fondo de emergencia. Si no, sale peor el remedio que la enfermedad, valga el dicho en el contexto.

Pero eso no es todo. Cuanto pague la aseguradora estará en función de otros factores: la suma asegurada del plan, la tabla de honorarios quirúrgicos y la categoría o nivel hospitalario.

La **suma asegurada** es el límite máximo que cubrirá la compañía de seguros por una enfermedad o accidente incluido en la póliza. En algunos planes individuales puede ser ilimitada —que es entre 10 y 15% más costosa— o estar topada a una determinada cantidad de cientos de miles de pesos o hasta millones.

Al mismo tiempo, cada aseguradora tiene un catálogo de cuánto es el "gasto usual y acostumbrado" de los proveedores de servicios médicos en cada área geográfica y del **nivel hospitalario** que elegiste. Ese es el **tabulador o tabla de honorarios quirúrgicos** y con base en eso te indemnizan.

Si la operación costara $35 000 en la tabla, pero tu médico te cobró $38 000, además del deducible y coaseguro tendrás que poner la diferencia.

El nivel hospitalario es el grupo de hospitales a los que el asegurado tendrá acceso, de acuerdo con lo que contrató. Así como hay hoteles de cinco estrellas, también hospitales que así cobran. Puedes elegir la gama acorde con lo que quieras pagar.

Con tanto pago, descuento, suma, resta y multiplicación te preguntarás: "¿Y entonces para qué quiero el seguro?", porque de verdad existen padecimientos y enfermedades cuyos tratamientos pueden llegar a costar millones y que están fuera del alcance de cualquiera. Incluso pueden consumir la fortuna entera de una familia acaudalada.

En el 2009 el siniestro de gastos médicos mayores promedio ascendió a $60 990, pero el caso más caro que pagó una aseguradora en México en los últimos diez años fue un padecimiento en el disco lumbar de un señor de Jalisco que llegó a los 24 millones de pesos, de acuerdo con la Asociación Mexicana de Instituciones de Seguros (AMIS).

Evidentemente los casos extremos no son cosa de diario, pero sirve para dimensionar hasta qué punto pueden llegar los costos de los servicios de salud y repensar nuestra protección.

¿Cuánto cuestan los gastos médicos mayores?					
Reclamaciones más frecuentes			Reclamaciones de mayor monto promedio		
	Descripción	Costo		Descripción	Costo
1	Embarazo y parto	$22 562	1	Enfermedades del corazón	$99 655
2	Accidentes y traumatismos múltiples	$46 046	2	Trastornos de los discos cervicales	$99 504
3	Luxaciones, esguinces y desgarres	$39 549	3	Tumores *in situ* y benignos	$96 856
4	Fracturas de otros huesos	$37 807	4	Neumonía	$65 744
5	Embarazos terminados en aborto	$22 143	5	Trastornos de las articulaciones	$65 307
6	Enfermedades de la nariz y senos nasales	$32 037	6	Dorsopatías	$63 186
7	Diarrea y gastroenteritis	$19 042	7	Coleliatiasis y colecistitis	$62 919

8	Coleliatiasis y colecistitis	$62 919	8	Otros	$62 599
9	Enfermedades del esófago, del estómago y del duodeno	$41 137	9	Enfermedades del apéndice	$58 433
10	Tumores *in situ* benignos	$96 856	10	Litiasis urinaria	$55 355

Fuente: AMIS, Resumen Ejecutivo Accidentes y Enfermedades 2009

Una de las formas de controlar estos gastos es elegir la atención de las **redes médicas**, que son los hospitales con los que las aseguradoras tienen convenidos y los honorarios están ajustados al tabulador.

Después de tanta complicación, les tengo una buena noticia: los seguros de gastos médicos mayores son deducibles de impuestos. Y aún mejor es que para la deducción no sólo entra el tuyo, sino el de tu cónyuge —claro, si es que no lo mete a su propia declaración—, tus hijos, incluso el de tus papás, que a pocos se les ocurre.

Son seguros para sanos

Puede sonar absurdo, pero los seguros de gastos médicos mayores no son para los enfermos, sino para los sanos. Como en el resto de los seguros, se cubren los riesgos, no los padecimientos que ya tenemos. A éstos se les llama justamente **preexistencia**.

A los agentes de seguros les llegan por decenas personas que cuando tienen algún problema grave de salud como cáncer, quieren contratar un seguro para que les cubra el tratamiento. Por desgracia no es posible o en el caso de que los acepten, estos padecimientos y sus derivados estarían excluidos.

Por eso, los seguros de gastos médicos mayores y los de vida hay que comprarlos lo antes posible y cuando todavía tengamos un buen estado de salud.

Advertencia especial para los fumanchús: su seguro de vida les va a costar más caro porque el tabaquismo es precursor de muchas otras enfermedades y ustedes se vuelven más riesgosos para la aseguradora. Ésta es otra razón financiera para dejar de fumar, aparte de lo que se podrían ahorrar en cajetillas.

En algunos casos las aseguradoras pueden negarse a cubrir ciertos padecimientos alegando preexistencias cuando la póliza ya tiene un rato en vigor. Si sucede, tienen que probar que el asegurado lo sabía con un diagnóstico, análisis, consultas, gastos para tratamiento o cualquier evidencia.

Para algunas enfermedades o padecimientos pueden aplicar **periodos de espera**, es decir, estarán cubiertos después de que la póliza tenga un determinado número de años de haber sido contratada. Los plazos pueden ir de diez meses a cinco años en promedio. Algunos ejemplos son cáncer, maternidad, VIH, hernias, padecimientos de rodilla. Chécalo en tu póliza.

Como ya te imaginarás, la **antigüedad** es muy importante para determinar qué te cubre tu aseguradora. Si piensas cambiarte de compañía o incluso de plan, necesitas un endoso de qué te van a reconocer tu antigüedad. Si no, serás un nuevo asegurado y entrarás al seguro con periodos de espera, con preexistencias, de lo que ya te haya sido cubierto antes y con una tarifa acorde a tu estado actual de salud, que seguramente será más alta.

Estas decisiones es mejor que las veas con un agente que te asesore bien, sobre todo si hay algún tratamiento que requieras y esté pagando actualmente tu seguro. Y ¡papelito habla! No te confíes de las negociaciones habladas, pídelo TODO por escrito.

Seguro de autos

¡Éste sí nos suena! ¿Verdad? y en México además es obligatorio tenerlo, al menos la parte de "daños a terceros" (responsabilidad civil), para cualquiera que tenga un vehículo automotor.

Con todo, en México sólo el 47% de los autos están asegurados. ¡Eso es un absoluto peligro! si llegáramos a chocar con algún inconsciente del otro 53% será un rollo la indemnizada o incluso pueden darse a la fuga.

Muchos no compran el seguro porque su coche está viejito, pero así tengas una carcacha ¡asegúrala! Puede que ya no valga mucho, pero si llegas a causar un daño, aparte de quedarte sin auto, puedes contraer una gran deuda por daños a terceros o en propiedad de la nación.

Para este seguro hay diferentes tipos de coberturas. Vamos de menos a más:

Responsabilidad civil (RC). Es la mínima que por ley tienes que tener. Cubre todos los daños que al manejar tu maravilloso vehículo automotor puedas causarle a terceros en sus bienes y en sus personas, así sea un rayoncito que "sale con polish" o hayas ocasionado una carambola y tumbado un muro de contención en el Periférico… bueno, hasta el límite de la suma asegurada.

En algunos casos puede incluir gastos médicos a ocupantes, gastos legales y asistencia vial.

La mayoría de la gente cuando choca y causa un daño menor "se arregla" con el tipo en cuestión, porque cree que le va a salir más barato que si llama al seguro. Primera noticia: los daños a terceros no tienen deducible y por lo tanto tú no tienes que desembolsar ni un centavo para pagar la puerta, espejo, calavera o auto entero que te hayas llevado. Ésa es la maravilla de esta cobertura.

Hace tiempo le di un "topecito" a la defensa de una señora, ella bajó furiosa y me gritoneó que le había sumido toda la parte de atrás del coche. Al final no era cierto, pero en lo que discutía con ella me arrebató el celular y huyó con él, (sí, era una loca peligrosa). Minutos después caí en cuenta de que tuve una pelea innecesaria por no llamar al seguro desde el principio, para que ellos aguantaran sus alaridos, le dijeran que era una exagerada o le pagaran si correspondía.

Limitada. Incluye Responsabilidad Civil y además Robo Total y los daños que se puedan ocasionar derivados del mismo.

Amplia. RC, Robo total y daños materiales.

Digamos que en resumen RC protege a los otros del peligro al volante que puedas representar, limitada te protege de los ladrones y la amplia te protege de lo que tú le puedas causar a tu coche accidentalmente.

La indemnización... el famoso libro azul

Por mucho que tu coche sea hecho a mano (por tanta hojalateada), que le hayas hecho mejoras a los interiores y un súper equipo de sonido, que te parezca de colección o simplemente le tengas cariño, esto no aumentará su valor para la aseguradora.

A la hora de los porrazos lo más seguro es que te indemnicen a "valor comercial", que es el que aparece para el modelo y año de tu coche en el famoso libro azul. Esto puede ser incluso un 30% menor de lo que podrías conseguir si salieras a venderlo (antes del choque, obviamente). En algunos casos se puede negociar un mayor valor si les llevas anuncios de periódicos, agencias o internet que lo sustente. Nada se pierde con intentar.

Hay otras alternativas. Algunos seguros indemnizan "a valor convenido", que se establece en la póliza al momento del contrato, en lugar de calcularse al momento del siniestro. Otros pueden ofrecer pagar un cierto monto adicional al precio de mercado actualizado o simplemente no cobrarte deducible en tu primer siniestro, que ya es algo. Analiza qué te conviene más.

Para que todo marche sobre ruedas...

✓ No te "arregles" antes de que llegue el seguro. Nadie te garantiza que esos acuerdos verbales se respeten o incluso que a la hora del peritaje se puedan sostener. Te puedes evitar pagos innecesarios o incluso que tengas que pasar por un calvario para cobrar.

✓ ¿El que pega paga? Mejor lee el reglamento de tránsito. Ese principio puede tener sus "variables" de aplicabilidad si mientras el otro te pegaba tú estabas haciendo algo como echarte en reversa.

✓ Ten sólo la copia de tu seguro en la guantera y el original bien resguardado en casa. Total, para el siniestro sólo necesitas el número de póliza y los teléfonos de asistencia. En cambio si sufres un robo, tardará más en que te localicen si no tienes los datos en un lugar adicional.

✓ Cuando contrates el seguro, averigua todos los detalles de cómo arreglarían tu coche en caso de siniestro —taller, agencia, reembolso— para que te evites sorpresas desagradables, incluso tengas información para decidir si pagas el deducible o absorbes los gastos de tu golpe.

✓ Si debes ir a la delegación, espera a tu ajustador.

✓ La falta de licencia o manejar en estado de ebriedad invalida la cobertura del seguro (aparte de que es una absoluta irresponsabilidad).

Seguros de casa habitación

Si pocos piensan en el seguro de vida, menos aún en el de su casa. Sólo 4% de los hogares mexicanos están asegurados. En muchos países este seguro es un requisito para rentar. Y no es descabellado: si causaras un daño o fueras víctima de un robo y encima los muebles o electrónicos sustraídos fueran del casero, es una doble bronca reponerlos.

Estos seguros son muy completos y pueden abarcar desde incendio, fugas de agua, robo de contenidos (de los valores declarados en el endoso, nada de los Picasso fantasma que "se los robaron" de la sala), rotura de cristales o sismo. Si vives en la hermosa península de Yucatán o en algún otro lado propenso a huracanes, tormentas tropicales, inundaciones y ese tipo de fenómenos, también puedes tener la cobertura de "riesgos hidrometeorológicos".

Los seguros de casa habitación son muy completos, tanto que hasta te aseguran contra las travesuras de tus hijos.

Sí. Nunca falta el escuincle latoso (o "muchacho calamidad", como diría mi abuelita Elsa), que por inquieto le rompe algo al vecino o tira el jarrón carísimo en una tienda de porcelana importada y acaba endeudando a los papás... a menos que tengan entre sus seguros uno de responsabilidad civil familiar, incluido en el de casa-habitación.

Su función es indemnizar cualquier daño involuntario a terceros en sus bienes o en sus personas, causado por algún miembro de la familia, el personal doméstico y en algunos casos hasta el de las mascotas, tanto en la casa como fuera de ella. Esto hasta el límite contratado en la póliza.

Seguros para el retiro

Con esperanzas de vida de 89.7 años, como en Mónaco, y en general cada vez más personas centenarias en el mundo, el riesgo de sobrevivir es tanto o más importante que el de que cuelgues los tenis antes de tiempo.

¿Qué tan ruquitos vamos a ser?			
Año	Esperanza de vida al nacer para México	Porcentaje de la población mayor de 65 años (%)	Porcentaje de la población mayor de 80 años (%)
1950	50.7	3.3	0.4
1960	55.3	3.4	0.4
1970	60.3	3.7	0.5
1980	65.3	3.8	0.7
1990	69.8	4.3	0.8
2000	73.6	5.2	1.0
2005	74.8	5.8	1.2
2010	**76.1**	**6.6**	**1.4**
2025	78.9	10.6	2.3
2030	79.5	12.4	2.7
2035	80	14.8	3.4
2040	80.5	17.7	4.2
2050	**81.1**	**22.1**	**6.2**
Fuente: ONU, World Population Prospects data base, the 2008 revision.			

En el capítulo anterior viste algunas opciones para manejar esta situación, pero no está de más conocer las tres que ofrecen los aseguradores.

Dotales. Son los mismos que los descritos en los tipos de seguros de vida, pero si lo usas para retiro a los 65 años (nada que a los 50 ya me jubilé), pueden ser deducibles de impuestos.

Renta vitalicia. Éste es el genérico de un producto que te paga una cantidad mensual en el retiro, ya sea de por vida (rentas vitalicias) o por un tiempo determinado, a partir de un "monto constitutivo". Es decir, la aseguradora recibe un capital, lo administra y te da una mensualidad.

Pensando que dispusieras de la misma cantidad de dinero para cualquiera de las opciones, la que es por tiempo determinado te pagaría un monto más alto, pero ¿qué harías si sobrevives ese plazo también? ¿Cómo te mantendrías?

También debes tomar en cuenta si tu cónyuge va a vivir de este ingreso en el retiro y averiguar qué tipo de plan le puede seguir pagando el monto o una proporción si llegaras a fallecer primero.

Planes personales de retiro. Esta es la tercera opción que ofrecen las aseguradoras y son un ahorro para la vejez, pero si llegaras a fallecer antes, algunas pagan una suma asegurada a tus beneficiarios. Se rigen por el artículo 176 de la Ley del Impuesto sobre la renta y por tanto forman parte de las deducciones personales que puedes hacer en tu declaración anual.

Igual que en cualquier plan de ahorro para el retiro, estos esquemas son deducibles de impuestos si cumplen con los requisitos de la Ley del Impuesto sobre la Renta y están registrados en el SAT.

No se necesita ser millonario

Otra de las razones por las que la gente no se asegura es porque están convencidos de que es muy caro, casi sólo para millonarios con yate, Ferrari y mansión, pero hay muchas estrategias para reducir el costo de los seguros y mantener la protección.

De inicio, no necesitamos todos los seguros todo el tiempo. Se me quedó muy grabado un comentario de un agente de seguros que decía que si eras jubilado, tenías un plan de retiro y tus hijos mayores ya no dependían de ti, no valía la pena tener un seguro de vida vitalicio. Tu riesgo en ese momento ya no era fallecimiento, sino sobrevivencia.

Otro ejemplo: si las personas que dependen de tus ingresos ahora son dos, y ya no tres, puedes reducir sumas aseguradas y bajar el costo de tus primas.

Hay que analizar constantemente cuáles son tus necesidades presentes y tener la protección justa para esto. Es recomendable revisar los seguros una vez al año y cada vez que haya un cambio importante en tu vida, como el nacimiento de un bebé, el final de la universidad de los hijos o incluso contraer una deuda.

Otras opciones para reducir el costo de tu protección:

> ✓ Eliminar seguros duplicados, coberturas innecesarias y ajustar sumas aseguradas.
>
> ✓ Analiza si puedes aumentar tus deducibles o coaseguros, al menos temporalmente, para reducir la prima.
>
> ✓ En casos de crisis, ¡no canceles tus seguros de vida! Averigua cómo se pueden seguir pagando con la reserva matemática —que es una porción que se guarda justo para estos casos o que se devuelve en caso de cancelación después del tercer año—, aunque tus sumas aseguradas sean menores o te cubra por menos años, para que no pierdas la protección.
>
> ✓ Considera todas las opciones de seguros, como seguros básicos estandarizados y microseguros.

Seguros básicos estandarizados y microseguros

Además de los seguros tradicionales, hay algunos más accesibles en precio, dado que sus coberturas son más limitadas, como los seguros básicos estandarizados y los microseguros.

Los seguros básicos estandarizados se llaman así porque todas las compañías ofrecen un producto con las mismas características y sólo cambia el precio. Eso los hace más fáciles de comparar.

Ahí les va qué cubren:

> ✓ Automóviles: únicamente la responsabilidad civil por daños en bienes y personas de terceros hasta por $250 000.

✓ Vida: protección de fallecimiento por un plazo de cinco años con pago de prima anual, con sumas aseguradas de $100 000, $200 000 o $300 000.

✓ Gastos Médicos Mayores: paga un monto diario por hospitalización para enfermedades de alta frecuencia y de alta severidad. La cantidad está dada por cada hospitalización, sumando determinado número de veces el salario mínimo mensual general vigente en área geográfica de residencia. Puede contratarse en la modalidad individual o familiar.

✓ Accidentes personales: brinda protección por muerte a causa de un accidente. Se contrata por un año y se puede elegir entre $100 000 y $200 000 como suma asegurada.

✓ Salud: para medicina preventiva, pues ofrece montos para acudir a consultas y estudios de laboratorio. Las cantidades se establecen en determinadas veces el salario mínimo mensual general vigente en el Distrito Federal.

✓ Dental: Es un seguro para acciones preventivas y correctivas para el cuidado de los dientes. Es una cobertura familiar y se ofrece a un mínimo de tres personas.

Los microseguros son coberturas con primas muy bajas, que van desde 10 pesos anuales, y sumas aseguradas pequeñas, que pueden ayudar a las familias a enfrentar riesgos como el fallecimiento del principal proveedor del hogar, gastos funerarios, pérdida de la salud, incapacidad y catástrofes naturales que impliquen daño o pérdida de la casa, el negocio o la cosecha.

Están diseñados en principio para la población de menores recursos o quienes no tienen acceso a servicios financieros tradicionales, aunque en realidad los puede utilizar cualquiera.

La *ley* de Murphy en *los* seguros: ¡por favor checa *el* vencimiento y *el* pago!

Andar a las vivas con la fecha de pago y cuándo se vencen los seguros es el punto más importante para estar protegidos. No importa si ya llevabas veinte años con la misma cobertura, si se te barrió pagar tu póliza o simplemente tu tarjeta "no pasó", ¡lástima! pero te quedarás con tu siniestro (que no es un villano de caricatura, es como llaman a los accidentes que estaban cubiertos por el seguro).

Es lo más común. Conozco dos casos cercanísimos, que justo cuando se les venció el seguro tuvieron un accidente que les salió bastante carito.

En el primer caso, mi mamá y su esposo acababan de comprar un coche nuevo, y con la emoción se les patinó pagar el seguro del viejo y latoso Focus —las balatas le duraban dos minutos.

Justito un mes y medio después de que se venció el seguro, chocaron en la carretera a Cuernavaca. Lo único que se perdió fue el coche. No hubo lesiones, afortunadamente. De cualquier modo, como el auto quedó hecho charamusca, básicamente perdieron $60 000 o $70 000, que es lo que valía en ese momento, y todo por su memoria de chorlito.

En el caso de Mael fue más leve el golpe, pero la situación peor: iba por la lateral de Churubusco y un chavito menso salió rapidísimo sin fijarse; él no alcanzó a frenar y se estampó contra él.

El chavo aceptó que había sido su culpa y en ese caso su seguro habría pagado sin que el escuincle desembolsara un peso, porque se trata de daños a terceros, pero no fue así: el reglamento de tránsito dice que si le pegas a un coche por detrás es tu culpa, porque debes "guardar tu distancia", así se haya frenado en seco en el carril de alta del Periférico.

Al final acabó pagando Mael. El chiste le salió en más de $10 000 porque su seguro estaba vencido y no sólo tuvo que pagar sus daños sino los del escuincle que salió a mil por hora a la lateral sin voltear, *so* pena de incluso ir a la cárcel.

Lo peor fue que la falta de seguro no era intencional. Mael compró su coche a crédito y cuando lo acabó de pagar contrató un seguro que en teoría era anual, pero el pago era semestral. Él no se había percatado de este detalle, no lo tenía anotado, ni la aseguradora le avisó que se vencía y él ni en cuenta de que andaba por la vida y por las peligrosísimas calles del D.F. sin seguro.

Total que entre si son peras o son manzanas:

✓ Anota en tu agenda, celular, compu, refri o dónde quieras la fecha en que vence tu seguro.
✓ Si eres olvidadizo cómpralo con pago anual.
✓ Vigila que se haga el cobro. Aunque lo tengas por descuento automático, si se cae el sistema, "no pasó" tu tarjeta o lo que sea, y no se paga, las aseguradoras no se hacen responsables.

Las consecuencias pueden ser especialmente graves en caso de olvidos en seguros de gastos médicos mayores, donde pueden incluso perder la antigüedad. En seguros de vida, la falta de pago se puede descontar de la reserva matemática de su póliza y se sigue pagando aunque la que sufra sea la suma asegurada, pero también pueden llegarse a invalidar.

¿Quién va a cobrar tus seguros?

¿Te gustaría regalarle el dinero que pagaste por tus pólizas a las compañías de seguros? Obvio no, ¿verdad? Aunque no lo creas, mucha gente lo hace.

Un buen número de seguros se queda sin cobrar porque los titulares no les informan a sus familiares que los compraron. Es increíble pero muchas personas aún le tienen miedo a que la "viuda alegre" se lo gaste con el Sancho.

Pero también hay casos en que no se les informa porque el asegurado ni sabía que tenían un seguro de vida empaquetado en su tarjeta de crédito, en alguna prestación del trabajo, con el recibo del teléfono o en cualquier otro producto extraño.

En cualquiera de los casos o arreglan sus papeles y le dicen a sus familiares dónde están, aunque no les cuenten con pesitos y centavitos cuantos millones les piensan dejar. O mejor aún: se ahorran las explicaciones y les platican que existe una cosa que se llama "SIAB-Vida", que es el Sistema de Información sobre Beneficiarios y Asegurados de Seguros de Vida, donde pueden saber qué seguros les dejaron, si llegaran a faltar.

Las aseguradoras no están obligadas a notificar a los beneficiarios que existe un seguro cuando muere el titular, simplemente porque no hay una base de datos que les informe a ellas de todos los fallecimientos. Sólo procede el pago al hacer la reclamación.

El SIAB-Vida es un sistema de la Condusef y la AMIS donde se lleva un registro de todos los seguros de vida que hay —¡hasta de los que no te acordabas que tenías!—, y sus beneficiarios

El sistema como tal existe desde el 2006, pero obvio tiene información de seguros anteriores a esta fecha.

Para hacer una consulta al SIAB-Vida hay que acudir a las oficinas de la Condusef con una identificación oficial y el acta de defunción de la persona que posiblemente dejó un seguro para el solicitante.

Este punto es por seguridad y confidencialidad. La información no se le puede dar a cualquiera y se requieren documentos que avalen que hay una relación con el difunto asegurado

El procedimiento es así:

✓ La Condusef envía la solicitud vía electrónica a la Asociación Mexicana de Instituciones de Seguros (AMIS).
✓ Ellos tienen diez días hábiles para contestar si tienen registrado como beneficiario al usuario en alguna de las compañías que operan el ramo de vida.
✓ En caso positivo, se le informa al solicitante qué institución es y se sigue el trámite para verificar si la reclamación procede.
✓ También pueden decirles que sí encontraron el seguro, pero ellos no son los beneficiarios. En ese caso tendrá que seguir intentando el resto de la familia y anexos, porque la identidad del beneficiario sólo se le revela al suscrito.

Si ya te tomaste el tiempo y el dinero para proteger a tu familia cuando no estés, dedica cinco minutos más para contarles esto y que de verdad puedan cobrar los seguros si lo requieren.

Capítulo 9

¿Con quién se quejan los inconformes?

Las quejas eternas

¿La súper pantalla plana dejó de funcionar a los tres meses que la compraste? ¿Te aparecieron unos cargos extraños en tu tarjeta y el ejecutivo del banco jura que no hay nada que hacer? ¿Te ofrecieron una inversión sospechosamente buena? ¿La clínica de láser que te vendió un plan vitalicio desapareció a los seis meses y te dejó medio peluda? Bueno, para todo esto hay algún lugar para encontrar una solución o, al menos, alguien con quién quejarte.

No es casualidad que éste sea el último capítulo. Aprender a ahorrar, a gastar mejor, a invertir, conocer el funcionamiento de los productos y servicios financieros y cómo prepararte para tus metas es muy importante, pero defender tus derechos como usuario es también una manera de dejar de tirar dinero a la basura.

¿Cuántas personas conoces que hayan tenido un problema con un comercio o el banco, sobre el que se quejan amargamente en las comidas familiares? ¿Y cuántas realmente han hecho algo al respecto? Si llegaron a poner una queja en servicios al cliente son especímenes raros, pero si incluso fueron a la Condusef, la Profeco o cualquier instancia de conciliación básicamente son mis héroes. Nos encanta contar nuestra amarga historia, pero pocas veces nos tomamos el tiempo de solucionarlo.

Ok. En defensa de algunos, a veces ni siquiera sabemos a dónde acudir para cada problema y tampoco es muy divertido andar de ruletero averiguando, pero eso ahorita lo aclaramos, para que se te acaben los pretextos.

Aunque la mala publicidad de boca a boca sea muy nociva para cualquier empresa, la única manera real de empujarlas a cambiar es haciendo nuestra parte como consumidores: exigiendo que los productos y servicios cumplan con lo que prometieron, y en caso de que no, presentar quejas formales.

Prepárate siempre para el peor escenario

No me refiero a una visita al MP, ni nada igualmente escalofriante, sino a los hábitos que debes tener por si algo saliera mal con tus compras o tus contrataciones. Siempre debes tener un respaldo para que te hagas la vida fácil si tienes que presentar una reclamación.

¿Guardas los tickets y contratos? ¿O los guardas tan bien que luego no los encuentras? ¿Cómo le explicas a la señorita de la caja que sí compraste ahí tu iPod si no tienes la garantía? A ese tipo de cosas me refiero.

¿Qué hacer para no sufrir las reclamaciones?

✓ Lee los contratos completitos y pide copia. Aunque te dé flojera o te tardes más en firmar y haya cola, léelo, te puede ahorrar muchos dolores de cabeza.

Si se trata de un producto financiero y no quieres hacer el oso de estar ocho horas en el escritorio, le puedes echar un ojo en la comodidad de tu casa en el Registro de Contratos de Adhesión (RECA) de la página de la Condusef: www.condusef.gob.mx. No todos están ahí, pero sí una buena parte.

En algunos servicios te dicen que el contrato se tiene que quedar con el proveedor del mismo, insiste que te den una copia. Un caso muy sonado fueron las clínicas de depilación láser NeoSkin y Depilité que tenían un contrato maravilloso en el que garantizaban que no te volvía a salir ni un pelito de por vida o si no podías regresar por sesiones de láser de "mantenimiento".

Pero ¡oh, pequeño detalle!, cuando las clínicas desaparecieron de la noche a la mañana y dejaron a todas y todos los clientes a la mitad del proceso, la mayoría se las vio negras para reclamarles, justamente porque nadie tenía copia del contrato. Si acaso algunos muy precavidos tenían los vouchers, pero ahí no se especificaban las condiciones que firmaron.

✓ Sella siempre la garantía. Por las prisas normalmente salimos de la tienda sin hacerlo y luego no nos las quieren hacer válidas, porque ni fecha tiene.

✓ Infórmate de los términos de la garantía, devoluciones y reclamaciones. Ofrecer garantías no es obligatorio, pero si el comercio lo hace debe ser por mínimo 60 días, si no, es ilegal. Los periodos de reparación de los bienes no se computan dentro de este plazo.

Si lo que adquiriste tiene defectos o vicios ocultos, aunque no haya garantía puedes pedir la restitución del bien o servicio, la rescisión del contrato o la reducción del precio, y en algunos casos además una bonificación o compensación. Si la bonificación procede, no podrá ser menor al 20% del precio pagado.

Los defectos o vicios implican cualquier cosa que "la haga impropia para los usos a que habitualmente se destine, que disminuyan su calidad o la posibilidad de su uso, o no ofrezca la seguridad que dada su naturaleza normalmente se espere de ella y de su uso razonable" y de las que tú no tengas la culpa.

Algo importante a saber es que en el caso de los inmuebles, el consumidor está protegido contra vicios ocultos por el plazo de un año desde la compra. Si quieres saber más sobre garantías, revisa el Capítulo IX de la Ley Federal de Protección al Consumidor.

Las devoluciones cuando no hay defectos en el producto pueden ser otra historia. Ésas más bien son un beneficio que la tienda ofrece, bajo ciertas políticas. Muchas tiendas aceptan cambios, pero por otra mercancía. No rembolsan dinero. Averigua antes de pagar, por si acaso. Ahí sí puede haber periodos menores a 60 días.

✓ En los servicios financieros también hay un plazo de reclamación: tienes 90 días para hacer cualquier aclaración —ejemplo cargos indebidos, depósitos que no se hayan realizado— desde la fecha en que haya sucedido el hecho. Si se te pasa ya no procede.

✓ Destina un lugar para guardar contratos, facturas, tickets de compra, garantías, vouchers, estados de cuenta, comprobantes de depósitos o de cualquier tipo de operación. Está muy bien que los pidas, pero si nunca sabes dónde quedaron, puede que esté un poco complicado que de verdad te sirvan.

✓ En todas las llamadas a servicios al cliente o a la instancia de conciliación anota la fecha, hora, quién te atendió y el número de reclamación. Aparte de que te ahorra tiempo, aumentas las posibilidades de que tu asunto sea canalizado eficazmente. Además si te mal informan o meten la pata, ya tienes a quién hacer responsable. Muchas llamadas son grabadas para fines de calidad en el servicio y pueden ser rastreadas —o al menos sienten más presión y te hacen más caso.

✓ Al momento de hacer una reclamación debes ser concreto y específico, contar los hechos de la manera más clara posible, incluir todos los datos relevantes y, sobre todo, respirar hondo.

A veces nuestro estado emocional (es decir de furia) puede desviarnos del tema de la queja o dejar fuera detalles importantes y dificultarla.

Tip para evitar latosas llamadas publicitarias

Si ya te tienen hasta el gorro los tipines que marcan a las siete de la mañana, a la hora de la comida, o a las diez de la noche para ofrecerte la última tarjeta, el mejor paquete de viajes o cualquier chunche que anden vendiendo, puedes dar de alta tus teléfonos en los registros públicos de usuarios y consumidores de la Profeco y la Condusef, para que te tachen de su base de datos y te dejen en paz.

Puedes hacerlo vía Internet, llamando desde el teléfono que quieres bloquear o en las oficinas y delegaciones de la Profeco y Condusef.

Se pueden registrar teléfonos fijos, celulares y correos electrónicos.

Y a todo esto, ¿con quién me quejo?

Lo ideal es que siempre busques primero a quien te vendió el producto y servicio, e intentes obtener una solución. Si esto no funciona, dónde presentar la queja depende del tipo de sector dónde ocurrió el problema.

En el sector comercial

La instancia es la Procuraduría Federal del Consumidor, la famosa Profeco.

Coordenadas

Página electrónica: www.profeco.gob.mx

Teléfonos: 55 68 87 22 en el D.F. y Área Metropolitana.

01 800 468 87 22 en el resto de la República Mexicana.

Además tienen delegaciones en todos los estados del país.

Su página de internet tiene muchas herramientas y datos para comparar precios, consejos de ahorro y consumo inteligente, información sobre los proveedores con más quejas, alertas sobre productos peligrosos con defectos, contra fraudes de determinadas compañías, sobre asociaciones de consumidores y no sé cuántas chivas más.

¿Qué pueden hacer por ti?

✓ Asesorarte vía telefónica, por correo o en sus delegaciones si tienes algún problema con un proveedor e informarte tus derechos como consumidor.

✓ Si ya te quejaste con el proveedor y no obtuviste una respuesta satisfactoria también puedes recurrir a ellos para una conciliación. Inicialmente la Profeco llama o visita a la empresa y si tampoco obtienen una solución los citan a ambos en su delegación para llegar a un acuerdo de forma amistosa. Si tampoco consiguen nada y ambas partes están de acuerdo, lo que seguiría sería un arbitraje.

✓ Recibir denuncias sobre prácticas abusivas o publicidad engañosa (te haya tocado a ti o a otros).

✓ Establecer acciones colectivas contra un proveedor. Con estas, un grupo de consumidores con un problema en común pueden llevar su caso de manera conjunta

> ante las instancias judiciales, por medio de Profeco. Así "les echan montón" a los proveedores y es más fácil defender sus intereses. Ya se han utilizado contra aerolíneas y empresas de depilación que desaparecieron misteriosamente.

Este recurso existe desde hace años en la Ley Federal de Protección al Consumidor, pero en 2010 se incluyó en el artículo 17 de la Constitución.

Sector Financiero

El equivalente de la Profeco en los productos y servicios financieros es la Comisión Nacional para la Protección y Defensa de los Usuarios de Servicios Financieros (Condusef). Sin embargo, entre ésta y el servicio a clientes de los bancos, aseguradoras, etcétera, hay, en algunos casos, una figura para conciliación, que te puede ahorrar el proceso de la queja ante autoridades o incluso un juicio: el ombudsman financiero.

Existe sólo en algunos bancos y por ahí en un aseguradora, pero el ombudsman financiero es una especie de defensor de los usuarios, que en teoría revisa los casos con imparcialidad, objetividad y tratando de conciliar los intereses del cliente con la institución, para que el asunto no termine en pleito.

Normalmente son personas que no están implicados en ninguna área de negocios de la institución para que su imparcialidad no sea medio parcial.

Por ley todos los bancos deben tener una Unidad Especializada en Atención a Usuarios (UNE) que es donde se canalizan las quejas habituales y deben contestar a más tardar en 30 días hábiles cualquier consulta o reclamación. Pero una vez que se resolvió, si el cliente está insatisfecho puede dirigirse al ombudsman.

La ventaja de acudir con el ombudsman en lugar de ir directamente a Condusef, según los mismos Ombudsman, es que él puede tomar en cuenta elementos que no sólo tengan que ver con el procedimiento, lo que dice la ley estrictamente o los requisitos de la reclamación, sino con las posibles confusiones, elementos éticos y hasta del perfil del cliente, como cuánto tiempo lleva en la institución.

Hasta mediados del 2010, las instituciones que contaban con esa figura eran los bancos Banamex, Santander, Scotiabank y la aseguradora Axa.

Y ahora sí, la famosa Condusef

Como su larguísimo nombre lo explica, su función es defender y proteger los derechos de quienes usamos los servicios financieros (Comisión Nacional para la Protección y Defensa de los Usuarios de Servicios Financieros).

Ellos ven cualquier asunto que tenga que ver con Bancos, Aseguradoras, Afianzadoras, Afores, el Buró de Crédito, Sociedades Financieras de Objeto Múltiple (Sofom) o Limitado, cajas de ahorro reguladas, casas de cambio, casas de empeño...

La Condusef no puede meter ni las manitas si la institución no está regulada —acuérdate del Madoff mexicano del capítulo de Inversiones—, pero puede asesorarte para que salgas un poco menos peor librado de cualquier inconformidad o incluso bronca con ellos. Si te quieres evitar estos inconvenientes, consulta por internet o por teléfono el "Registro de Prestadores de Servicios", mejor conocido como SIPRES —no me preguntes por qué.

Además de atender los problemas comunes de los usuarios, la Condusef "balconea" periódicamente a las instituciones con comparativos como el costo de diferentes créditos, seguros básicos estandarizados o enviar remesas; calificaciones de la información presentada en los contratos de adhesión, y auditorías a la publicidad de las instituciones contra lo que realmente ofrecen.

Otra cosa útil que tiene su página son las calculadoras y simuladores para pagos mínimos de la tarjeta de crédito, que me gusta mucho porque puedes ir jugando con las cantidades y ver en cuánto acabarías de pagar tu deuda si abonaras un poco o mucho más. También tienen para créditos hipotecarios y para calcular tu ahorro para el retiro en las afores.

Antes de que se me olvide, van sus...

Coordenadas
Página electrónica: www.condusef.gob.mx
Teléfono: 01 800 999 80 80

Las afores se cuecen aparte

Por algún extraño fenómeno, las afores son las únicas instituciones cuyos asuntos además de dirimirse en la Condusef, pueden presentarse directamente en la comisión que se ocupa de este sector. La Comisión Nacional del Sistema de Ahorro para el Retiro, que más cortito es la Consar.

En el caso de los bancos y aseguradoras, sus comisiones —la Comisión Nacional Bancaria y de Valores y la Comisión Nacional de Seguros y Fianzas— no se ocupan de asuntos de usuarios, sino únicamente de supervisar las operaciones de las instituciones y que cumplan con la regulación. Para las afores, al ser un tema tan delicado como la lana para tu retiro, sí puedes presentar quejas como usuario en donde prefieras y luego se canalizan. El pequeño detalle es que la sede de la Consar está en la ciudad de México y no tiene oficinas en el resto de los estados como la Condusef.

¿Qué casos puedes tratar con la Consar?

✓ Buscar en qué afore estás.

✓ Obtener información para compararlas y elegir la que más te conviene.

✓ Traspasos indebidos (es decir, si "mágicamente" apareces en una nueva afore sin haber pedido el cambio).

✓ Unificación de cuentas del ISSSTE.

✓ Asesoría sobre ahorro voluntario.

✓ Solicitar tus estados de cuenta, si ya estás registrado y no te llegan.

✓ Cualquier problema con tu cuenta individual o para información de retiro en general.

Coordenadas

Página electrónica: www.consar.gob.mx

Teléfono (SARTEL): 01 800 500 07 47

Ahora ya no tienes pretextos para ser una víctima del sistema. Puede que los casos no siempre se resuelvan como esperamos, pero es mejor que no hacer nada —o hacerlo de la manera incorrecta o en la instancia equivocada— y tener un resultado cero. ¡El mundo cambia gracias a los inconformes, y las empresas también!

No es más que un, "hasta luego..."

Antes de que entres en pánico porque te vaya a sacar el tumba burros con los tomos II, III, IV... XVII del *Pequeño cerdo capitalista*, aclaro por qué no me despido: tus necesidades, sueños y metas pueden ir cambiando en el tiempo o incluso por un periodo en particular. Vale la pena darle "alineación y balanceo" a tus finanzas personales y, ¿por qué no?, releer algunas de estas páginas por lo que se te haya barrido, quieras reajustar o simplemente no hayas pelado mucho al principio porque no era tu prioridad.

Si te dio flojerita y no hiciste algunos de los ejercicios ¡regrésate! la teoría ayuda, pero no hace milagros. Necesitas ponerlo en práctica ¡pero para pronto es tarde!, para que se refleje en tu cartera.

Viéndolo bien, no es tan difícil, ¿verdad? Y hasta puede ser entretenido. Al menos ese fue el proceso que viví yo al acercarme a este marciano mundo, que ahora me apasiona. Ojalá te haya quedado la cosquillita de seguir aprendiendo sobre finanzas personales y volverte cada vez mejor en el manejo de tu dinero.

Y ahora que me agarra lo cursi. Los pequeños cerdos capitalistas tienen un secreto. Detrás de toda esta organización de cuentas por aquí, rendimientos por acá, menos deudas así y ahorro asá, sólo tienen un objetivo que no tiene que ver con la avaricia: perseguir sus sueños.

Con esto no me refiero exclusivamente a un yate o un clóset lleno de bolsas de diseñador (habrá quien eso pida en las noches, pero no es el punto), sino que puedan organizar sus finanzas personales y su dinero, para que no les estorbe con lo que realmente anhelan hacer en la vida.

Si sientes que has aprendido a que el dinero sea una preocupación menos y una herramienta para conseguir de un modo más sencillo lo que quieres, ya la hiciste.

Puede que no todo se te haya quedado a la primera —sobre todo las partes que están llenas de reglitas de funcionamiento, cof, cof, como las afores— así que aunque pongas este libro para equilibrar la pata del sillón de la abuela, échale un ojito de vez en cuando. Lee todo lo que puedas sobre el tema. Nunca sabes quién te puede dar la respuesta que andabas buscando o el consejo que haga sentido completamente con lo que querías solucionar.

Muy buena suerte con la aventura que supone construir los cimientos de tu plataforma financiera o reforzarla, si ya la tenías. ¡Que tengas una vida con al menos seis ceros en tus inversiones y cuentas de banco, pero también millonaria en lo que realmente te importa! **¡¡¡¡Oink$$$$!!!!**

Índice

Pequeño cerdo capitalista

Esta obra se terminó de imprimir en Octubre de 2013
en los talleres de Impresora Tauro S.A. de C.V.
Plutarco Elías Calles No. 396 Col. Los Reyes
Delg. Iztacalco C.P. 08620. Tel: 55 90 02 55